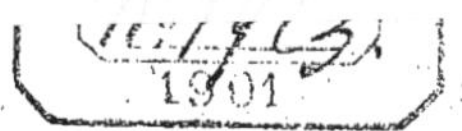

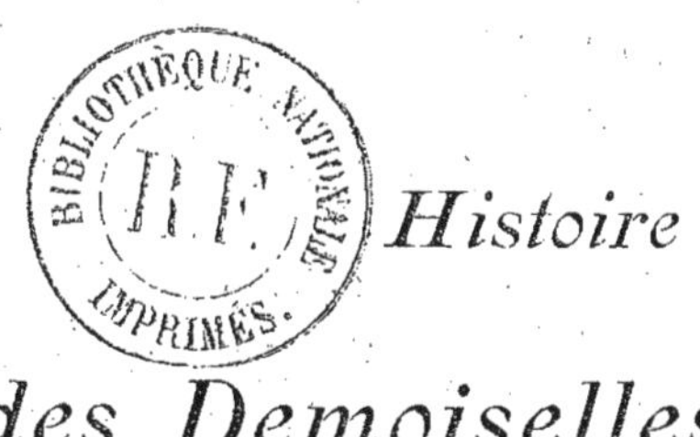

Histoire des Demoiselles Fernig

J. THIÉRY

Histoire des Demoiselles Fernig

Défense Nationale du Nord de la France

(1792-1793)

PARIS
LIBRAIRIE CHARLES TALLANDIER
4, RUE CASSETTE, 4

Maison à Lille : 11-13 rue Faidherbe.

L'histoire des demoiselles Fernig est celle de deux jeunes filles qui, poussées par le sentiment patriotique, abandonnent leurs occupations ordinaires pour se consacrer à la défense de leur pays envahi par les Autrichiens.

Le hasard voulut qu'elles rencontrassent le général Dumouricz qui, après avoir sauvé la France à Valmy et à Jemmapes, se révolta contre la Convention, assemblée issue de la volonté nationale.

Leur reconnaissance envers le général Dumouriez détermina les demoiselles Fernig à accompagner leur chef sur les champs de bataille, comme sur le territoire ennemi, lorsque devenu soldat factieux, il allait comploter, avec les Autri-

chiens, la ruine de notre pays. Elles payèrent leur fidélité de l'exil.

Ce sont les péripéties de leur vie agitée et non romanesque, que nous avons racontées. Nous avons cherché, grâce aux travaux de MM. Finot et Pelé, à les présenter sous leur vrai jour, comme un hommage de sincère admiration pour les héroïnes de la défense nationale.

La Famille Fernig

Au hameau de *Mortagne*, commune de *Château-l'Abbaye* (Nord), vivait, en 1792, la famille *Fernig*. Le père, *Louis Fernig*, un ancien sous-officier alsacien, s'était fixé à Mortagne où il exerçait les fonctions de greffier de la juridiction seigneuriale. Il avait épousé la fille d'un cultivateur des environs de Valenciennes, la demoiselle *Basse*.

De son mariage étaient nés cinq enfants : quatre filles et un garçon. Les demoiselles Fernig portaient les noms de *Louise, Aimée, Marie-Félicité-Louise* et *Marie-Théophile-Françoise-Norbertine ;* le jeune Fernig s'appelait *Louis-Alexandre-Désiré.*

Les Autrichiens occupaient la frontière, cherchant à s'emparer de *Saint-Amand*, *Orchies*, *Valenciennes*, *Bavai*, etc...

Les Français, pour s'opposer à l'invasion, s'échelonnaient entre Valenciennes et Le Quesnoy, occupant les camps de *Famars* et de *Maulde*.

C'étaient des escarmouches journalières aux avant-postes. Les uhlans assaillaient les communes françaises de la frontière. Ils étaient guidés par des émigrés et de ci-devant seigneurs qui ne rougissaient pas de faire le métier de brigand.

A *Rumegies*, l'ennemi, conduit par plusieurs émigrés et ecclésiastiques français, avait forcé la maison du curé constitutionnel dont la servante fut fort maltraitée. Un jeune homme, qui sonnait le tocsin, avait été percé de vingt coups de baïonnette. La maison du maire fut mise au pillage et les Autrichiens se retirèrent emmenant cinq chevaux avec tout le butin qu'ils avaient fait.

Les gardes nationales s'étaient constituées presque dans chaque village. Elles faisaient des patrouilles qui poursuivaient furieusement les maraudeurs.

Le père Fernig fut élu commandant de la garde nationale de Mortagne ; il prit son rôle au sérieux, exerça ses troupes et les mit promptement en état de se livrer à de petites expéditions.

Toute sa famille était continuellement agitée par les sorties nocturnes, les rentrées matinales.

Mais cette agitation n'était accompagnée ni de craintes vaines, ni de scènes de désolation.

Le fils Fernig avait vingt ans et était major de son père ; ses deux plus jeunes sœurs étaient âgées, l'une de vingt et un et l'autre de dix-sept ans.

C'étaient *Félicité* et *Théophile*. Elles avaient reçu une éducation toute virile. La dernière a donné plus tard des détails sur la manière dont elle et sa sœur furent élevées.

« Sans négliger pour nous les petits talents nécessaires, on nous accoutuma de bonne heure à ne craindre ni les armes, ni les animaux, ni l'eau, ni le feu. On nous faisait faire des marches fatigantes ; on nous exerçait à franchir de larges fossés pour développer l'agilité en même temps que la force. Nous aimions la chasse et l'exercice du cheval ; notre père nous enseigna l'art de l'équitation. »

Les préparatifs de la guerre avaient excité l'ardeur des deux jeunes filles. Leur frère venait de quitter la garde nationale de Mortagne et était parti comme volontaire[1].

1. Il devint général et mourut en 1847.

Ce départ décida du sort de Félicité et de Théophile. Elles voulurent concourir à la défense de la patrie.

Dans la nuit du 19 au 20 mai 1792, elles se mêlèrent aux gardes nationaux de leur père, bien décidées à faire le coup de feu contre les Autrichiens.

Le père Fernig fit connaître au public l'action de ses filles par une lettre qui parut, le lendemain, dans un journal du temps : l'*Argus*.

Cette lettre est ainsi conçue :

« Mortagne, près Saint-Amand, 20 mai.

« Nos volontaires du 1er bataillon sont partis cette nuit ainsi que le brave détachement de Maulde; il ne nous reste qu'une trentaine de Bourguignons. — Je vous annonce que mes deux filles, habillées en uniforme, se sont mises hier au soir à la tête de vingt volontaires de la Garde nationale de cette ville, chacune armée d'un fusil avec des cartouches et le sabre au côté ; elles ont conduit notre patrouille jusqu'au milieu du village de la Plaigne (sur la frontière) et elles sont rentrées chez moi au jour. »

L'enthousiasme du père Fernig ne fut pas partagé par son fils Louis, alors à Dunkerque. Dans une lettre qui fut rendue publique, il blâmait l'imprudence de ses sœurs et disait à Félicité :

« Tes mains ne sont point faites pour être teintes du sang de ces lâches ; et, au lieu d'armes meurtrières, elles ne doivent tenir que des couronnes civiques pour en orner le front de nos guerriers victorieux. »

Le général Dumouriez, ministre de la guerre dans le cabinet girondin, avait quitté Paris après sa chute. Il avait compris que sa place était aux frontières.

Depuis le mardi, 3 juillet, il se trouvait à Valenciennes.

Le général Lückner, commandant en chef de l'armée du Centre et du Rhin, l'envoya au camp de Maulde. C'était pour un ancien ministre, une position inférieure. Mais Dumouriez était homme de ressources et il tira un excellent parti de la situation.

Il possédait l'art de manier les hommes; il se fit bien venir de ses soldats en leur inspirant confiance par sa crânerie militaire, son énergie qui éclatait dans toutes ses actions, sa familiarité de parole, sa physionomie sympathique.

Les troupes ne comprenaient que deux bataillons de Paris, deux régiments d'infanterie et quelques escadrons, environ trois mille hommes. Il les tint continuellement en haleine par des escarmouches journalières contre l'ennemi. Il attira à Maulde tous les Belges qui venaient offrir leurs services à la France.

Il ne manqua pas de se mettre en relations étroites avec le commandant Fernig, dont les jeunes filles se distinguaient constamment dans de petits combats livrés aux Autrichiens.

Ceux-ci, aidés des émigrés, continuaient leurs déprédations. Le 3 juillet, un détachement autrichien pénétra dans le village de Flines, poussa jusqu'à la place et y abattit l'arbre de la liberté. En se retirant, l'officier qui commandait le détachement ennemi déclara qu'à la première occasion il pillerait et brûlerait la maison des Fernig.

Cette menace ne refroidit pas l'enthousiasme des héroïques jeunes filles.

Dans la nuit du 12 au 13 juillet, elles prirent part à un engagement sérieux. Un journal du temps en rendit compte, le lendemain, en ces termes :

« (Du camp de Maulde, le 13 juillet.)

« Les patrouilles autrichiennes s'amusent à nous harceler constamment, et cela sans doute pour nous décourager, car l'ennemi sait bien que notre position est redoutable et que tous les projets d'attaque ou d'invasion seroient inutiles. — La nuit dernière, une quarantaine de hulans se sont approchés de Mortagne et du camp ; il y a eu de part et d'autre une fusillade conséquente et très suivie, et les deux demoiselles Fernig, volontaires, guerrières intrépides, sont restées constamment au feu, elles y ont passé la nuit entière, et elles se sont montrées véritablement au-dessus de leur sexe. Le lieutenant-général commandant à Maulde, M. Dumouriez, n'a pu s'empêcher de rendre justice au courage et à l'héroïsme de ces deux jeunes patriotes et de leur en témoigner son admiration. »

Le 26 juillet, le général Dillon, en tournée d'inspection, se fit présenter, par Dumouriez, les deux jeunes héroïnes et s'engagea à les mener au feu à la première action qui se présenterait.

Le général Dumouriez s'efforçait, par tous les moyens, d'augmenter ses troupes. Originaire de Cambrai (Nord), il avait manifesté, par une lettre publiée dans un journal, le désir d'avoir près de lui une compagnie franche composée de Cambraisiens. Cette lettre avait paru, aux destinataires, d'une authenticité contestable.

Le maire de Cambrai, *Codron*, écrivit à Dumouriez pour lui demander des détails sur la levée de cette compagnie.

Dumouriez répondit en ces termes :

« (Le 24 juillet, Valenciennes.)

« Mon digne compatriote, respectable maire, oui, c'est moi qui ai écrit cette lettre, pour engager mes frères à venir combattre auprès de moi pour leur patrie. Elle devroit vous être arrivée. Elle vous est portée par le sieur Thuring de Khys, destiné à être lieutenant dans la compagnie d'Oudart[1], qui doit aller vous aider à mettre sur pied les braves Camberlots[2], sur lesquels je compte comme sur moi-même. Les conditions de cette levée sont fixées

1. Originaire de Cambrai.
2. Nom familier des Cambraisiens.

par le décret sur les compagnies franches, ainsi que leur solde. Qu'ils arrivent à Valenciennes en foule, ils trouveront le brave Oudart, dont l'expérience guidera prudemment leur courage et leur patriotisme. Vous me rappelez les souvenirs de mon enfance. Pourrois-je ne pas défendre les lieux qui m'ont vu naître? La liberté nous rend frères et nous unit à jamais.

« Le Lieutenant-Général Dumouriez. »

La compagnie fut levée et, réunie au camp de Maulde, contribua grandement à y augmenter la popularité de Dumouriez.

Le général s'appliquait en même temps à profiter de celle acquise par les demoiselles Fernig. La femme d'un volontaire ayant donné le jour à une fille, Dumouriez résolut d'en être le parrain, et de lui donner, pour marraine, l'une des deux sœurs. La cérémonie eut lieu au soleil couchant, avec force fanfares et coups de canon. Elle fut suivie d'un banquet et on en dressa l'acte suivant :

« Cejourd'hui deux du mois d'août mil sept cent quatre-
« vingt-douze, l'an quatrième de la liberté, vers les huit
« heures du soir, fut baptisée par le soussigné, curé cons-
« titutionnel de Beuvrages, district de Valenciennes, dépar-
« tement du Nord, *Félicité-Théophile-Victoire*, fille de légi-
« time mariage du sieur François-Alexandre Larue, ca-
« poral du second bataillon du Calvados, et de Marie-

Attaque de la ferme des Morlies (P. 20).

« Julienne, son épouse, tous deux faisant profession de « la religion catholique, apostolique et romaine, y celui « sacrement de baptême ayant été administré sur l'autel « de la Patrie, au milieu du camp de Maulde, et en pré- « sence de l'armée ; ont été parrain Monsieur Charles- « Alexandre Dumouriez, lieutenant-général, commandant « le camp du dit Maulde, accompagné de Messieurs Jac- « ques-Henri-Sébastien-César Moreton, lieutenant-général « et Pierre de Beurnonville, maréchal de camp, et Jean- « Baptiste Galopin, capitaine du 2e bataillon du Calvados, « et demoiselle Félicité Fernig, volontaire faisant partie « de la dite armée, en qualité de marraine, accompagnée « des sieurs Charles-Gabriel-Julien Louvet, capitaine en « second du premier bataillon de l'Eure, et de Louis « Fernig, secrétaire-greffier de la municipalité de Mor- « tagne, lesquels cy dessus dénommés ont signé avec le « soussigné curé constitutionnel, les jour, mois et an que « dessus.

« Ch.-François DUMOURIEZ, lieutenant-général, commandant le « camp de Maulde.

« Jacques-Henri-Sébastien-César MORETON, maréchal de camp, « commandant la 1re division du camp de Maulde.

« Pierre BEURNONVILLE, maréchal de camp, commandant la 2e di- « vision du camp de Maulde.

« GALOPIN, capitaine du 2e bataillon du Calvados.

« Félicité FERNIG, volontaire et marraine.

« FERNIG, secrétaire et greffier.

« LOUVET, 2e capitaine du 1er bataillon de l'Eure.

« LARUE, père. »

Le prêtre constitutionnel de Beuvrages, petite commune située au nord d'Anzin, se nommait *Léonard Richir*. Il oublia d'apposer sa signature sur le registre.

Les Autrichiens se montraient pleins de haine pour les demoiselles Fernig, dont l'exemple enflammait les habitants contre l'envahisseur et rendait par conséquent leurs maraudes plus périlleuses et moins profitables. Non seulement, ils avaient menacé de piller et de brûler, à la première occasion, la maison des Fernig, mais ils annonçaient qu'ils enlèveraient nos héroïnes, mortes ou vives.

La perspective des dangers qui les menaçaient ne les émouvait guère; elles s'animaient davantage, au contraire, ayant fait le sacrifice de leur vie à la défense de la patrie.

Dans la nuit du 3 au 4 août, Beurnonville mit six cents hommes à leur disposition, et après avoir, par un déserteur, connu la situation et les forces de l'ennemi, elles exécutèrent un de leurs plus hardis coups de main.

« Il s'agissait d'enlever aux Autrichiens un gros détachement qui leur servait d'avant-garde et fournissait à leurs avant-postes. Il fallait, pour le surprendre, arriver à lui sans tirer un coup de fusil. Le corps français devait passer entre sept petits détachements ennemis placés très à portée les uns des autres, et cela par un clair de lune très dangereux, surtout pour les cavaliers. Le poste à attaquer était à la ferme des Morlies, à un quart de lieue du camp autrichien de Bury, et à cinq quarts de lieue du camp de Maulde. Il avait, sur son front, un grand bois garni de troupes, et les flancs étaient couverts par des piquets. Il était donc dans la plus parfaite tranquillité et se croyait à l'abri de toute surprise. Le déserteur guidait l'expédition qui, à la faveur des blés assez hauts pour couvrir le reflet de la lune sur les armes, se déroba aux détachements à traverser et arriva heureusement à l'endroit indiqué. Les Français firent alors entourer le poste ennemi commandé par un capitaine ; six hommes seulement, simulant une patrouille autrichienne, s'approchèrent de la sentinelle pour la surprendre, afin qu'on pût, sans faire feu, s'emparer des hommes endormis. Au cri de la sentinelle : *Werda!* le déserteur répondit en allemand ; mais les Français, en avançant pour donner le mot d'ordre, furent reconnus, et la sentinelle lâcha un coup de feu qui avertit le poste entier. Les Autrichiens, toutefois, n'eurent pas le temps de se mettre en état de défense ; on fondit sur eux, et tous ceux qui ne résistèrent pas furent faits prisonniers. Le capitaine fut tué en se défendant dans sa chambre ; les chevaux furent emmenés et l'on enleva les objets transportables, tels que la caisse et les papiers du quartier-maître. La mousqueterie répandit l'alarme dans le camp ennemi, et les Français, pour se garantir contre un escadron de dragons de la Tour, furent forcés de se retirer dans le bois. La connaissance parfaite qu'avaient de ce bois les demoiselles Fernig sauva nos troupes qui, vu la proximité du camp autrichien et l'éloignement du nôtre, eussent difficilement échappé. « Nous ne perdîmes, dit Mlle Théophile, qu'un seul homme, qui fut tué à nos côtés par la sentinelle. » Le compte rendu officiel en indique deux, parmi lesquels un volontaire.

La ferme des Morlies, théâtre de cet exploit, appartenait à Louis-Joseph Lecluselle. Avec les chevaux des chasseurs tyroliens, les Français avaient enlevé trois des siens qu'il vint réclamer, le lendemain, à Maulde. Le général Dumouriez fit l'éloge de tous ceux qui avaient pris part à l'opération, dans une lettre adressée à l'Assemblée législative.

« Cette expédition, y disait-il, a augmenté l'ardeur des troupes. Aussi leur ai-je promis de les mener souvent en détachement. C'est ainsi que je parviendrai à les dresser aux marches de nuit, au choix des positions, et à tous les détails de la guerre. »

DUMOURIEZ

Chef de l'Armée du Nord

Les événements militaires les plus importants se préparaient sur la frontière nord-est de la France. Les deux héroïnes de Mortagne devaient s'y trouver en suivant le général Dumouriez dans sa bonne comme dans sa mauvaise fortune.

La Prusse s'était jointe à l'Autriche pour nous combattre. A ces deux puissances, suffisantes pour créer à la Révolution de sérieux embarras, étaient venus s'ajouter les princes de Hesse, de Bade et de Nassau. Les forces coalisées contre la France avaient pour généralissime le duc régnant de *Brunswick*. Il disposait de 70.000 Prussiens escortés de 20,000 émigrés, des contingents des princes allemands et du corps autrichien de *Clerfayt*. Après avoir passé le Rhin à Coblentz, l'ennemi devait suivre la rive gauche de la Moselle et marcher sur Paris par Longwy, Verdun et Châlons.

Le prince de Brunswick passait alors pour le premier homme de guerre de l'Europe; mais il manquait d'initiative et d'énergie. De haute taille, avenant de manières, s'étudiant soigneusement à jouer son rôle en toutes circonstances, il était plus fait pour les subtiles intrigues de cour que pour les grandes conceptions politiques et militaires. « Sa conduite était souvent une marche incertaine, équivoque, chancelante, pour ainsi dire, comme par l'effet d'une ébriété morale : ses idées saines et les malencontreuses influences, qu'il subissait malgré lui, le ballottaient au milieu d'une perpétuelle bourrasque. »

Une lutte contre la France, soulevée pour la défense de la liberté conquise en 1789, ne paraissait pas chose aisée au généralissime allemand. Le roi de Prusse lui ayant demandé officiellement son opinion sur les chances de succès, dans une semblable entreprise, le prince de Brunswick avait répondu :

« Si toute discipline n'est pas anéantie dans l'armée ennemie, si les officiers qui en étaient autrefois l'ornement sont encore à la tête de leurs compagnies, si des généraux habiles et expérimentés les conduisent, et que l'on fasse la guerre, non pas au parti dominant, mais à la nation elle-même, il est hors de doute que l'entreprise rencontrera des difficultés innombrables et incalculables. »

Mais des conseils contraires pesaient sur son jugement. Un général prussien disait : « N'achetez pas trop de chevaux : la comédie ne durera pas longtemps. Les fumées de la liberté se dissipent déjà à Paris. L'armée des avocats sera bientôt anéantie, et nous serons de retour dans nos foyers vers l'automne. »

Une personne de l'entourage intime du prince de Brunswick, pleine de clairvoyance, réprouvait hautement l'expédition projetée et lui en signalait tous les dangers.

« Je vous abandonne irrémissiblement, si vous vous précipitez avec une semblable irréflexion dans une entreprise si grave et si périlleuse. Ou vous devez marcher contre la France à la tête de 200.000 Prussiens et de 250.000 Autrichiens, ou vous devez renoncer à tout espoir de succès. Avec une poignée de soldats, vous ne ferez que mettre votre vie en jeu et votre honneur en péril. Vos caprices chevaleresques vous font ressembler à Don Quichotte, qui allait aussi, par monts et par vaux, pour redresser les torts, qui s'élançait et s'escrimait contre toutes sortes d'antagonistes, sans jamais calculer ni leur force ni leur nombre. »

Le duc de Brunswick n'était donc rien moins que convaincu de la réussite dans la partie qu'il engageait contre nous. Et cependant, à cause de l'inconcevable faiblesse de son caractère, il consentit à mettre son nom au bas d'un manifeste insolent et ridicule qu'il lança contre la ville de

Paris pour « faire cesser l'anarchie..., arrêter les attaques portées au trône et à l'autel, rétablir le pouvoir légal ».

« La ville de Paris et tous ses habitants, disait-il, seront tenus de se soumettre sur-le-champ et sans délai au roi, de mettre ce prince en pleine et entière liberté, et de lui assurer, ainsi qu'à toutes les personnes royales, l'inviolabilité et le respect auxquels le droit de la nature et des gens oblige les sujets envers les souverains ; leurs majestés impériale et royale rendant personnellement responsables de tous les événements, sur leur tête, pour être jugés militairement sans espoir de pardon, tous les membres de l'Assemblée nationale, du département, du district, de la municipalité et de la garde nationale de Paris, les juges de paix et tous autres qu'il appartiendra ; déclarant en outre, leurs dites majestés, sur leur foi de parole d'empereur et roi, que si le château des Tuileries est forcé et insulté, que s'il est fait la moindre violence, le moindre outrage à leurs majestés le roi, la reine et la famille royale, s'il n'est pas pourvu immédiatement à leur sûreté, à leur conservation et à leur liberté, elles en tireront une vengeance exemplaire et à jamais mémorable, en livrant la ville de Paris à une exécution militaire et à une subversion totale, et les révoltés coupables d'attentats aux supplices qu'ils auront mérités. »

La journée du 10 août répondit à cette provocation

insensée. Le peuple de Paris, pour bien montrer que la France avait la juste prétention de régler ses affaires elle-même, se porta au palais des Tuileries, en chassa Louis XVI qui se réfugia à l'Assemblée législative.

Cette dernière rendit un décret dont nous citons les deux premiers articles et les derniers.

Art. 1er. — Le peuple français est invité à former une Convention nationale; la commission extraordinaire présentera demain un projet pour indiquer le mode et l'époque de cette Convention.

Art. 2. — Le chef du pouvoir exécutif (le roi) est provisoirement suspendu de ses fonctions jusqu'à ce que la Convention nationale ait prononcé sur les mesures qu'elle croira devoir adopter pour assurer la souveraineté au peuple et le règne de la liberté et de l'égalité.

Art. 10. — Le département et la municipalité de Paris feront proclamer sur-le-champ et solennellement le présent décret.

Art. 11. — Il sera envoyé par des courriers extraordinaires aux quatre-vingt-trois départements qui seront tenus de le faire parvenir dans les vingt-quatre heures aux municipalités de leur ressort, pour y être proclamé avec la même solennité.

Par un décret du 13 août, l'habitation du roi et de sa famille fut transférée au Temple.

Une décision nouvelle modifia ainsi les résolutions prises précédemment.

L'Assemblée nationale décrète :

1° Que le roi est suspendu et que sa famille et lui restent en ôtage ;

2° Que le ministère actuel n'a pas la confiance de la nation et que l'Assemblée va procéder à le remplacer ;

3° Que la liste civile cesse d'avoir lieu.

Danton, Monge, Lebrun, Roland, Servan et Clavières furent nommés ministres et chargés de toute la puissance exécutive, chacun remplissant à tour de rôle, semaine par semaine, les fonctions de président du Conseil.

Les événements de Paris irritèrent les partisans de la constitution ; mais l'Assemblée législative para à tout.

La Fayette, qui était à Sedan, voulut résister. Il fit arrêter les trois députés que l'Assemblée envoyait à son armée. Il ne fut pas suivi par ses troupes, et forcé de quitter son commandement, passa en Belgique. Il tomba dans un poste d'émigrés qui le livrèrent aux Prussiens ; ceux-ci le livrèrent aux Autrichiens qui ne le rendirent à la liberté qu'après cinq années de captivité passées dans les cachots d'*Olmütz*.

L'Assemblée envoya trois députés à Valenciennes, près de Dillon, commandant en chef de l'armée du Nord, pour le destituer. Ils proposèrent à l'Assemblée de lui donner pour successeur le général *Dumouriez*.

Nous avons vu précédemment le rôle de ce général au camp de Maulde. Tout en s'occupant des choses militaires, il se tenait au courant de la politique. Il s'était mis en relations avec les hommes les plus avancés de Paris et du Nord, spécialement avec *Merlin de Douai.*

A la nouvelle de la prise des Tuileries, il écrivit à l'Assemblée qu'il resterait fidèle à la nation, qu'il ne reconnaîtrait jamais d'autre souverain que le peuple français, qu'il approuvait « sans détours ni ménagements la terrible catastrophe du 10 août à laquelle on devait s'attendre de la part d'une nation trompée, trahie et poussée à bout ».

Dumouriez avait eu une conduite si louche envers ses collègues du ministère girondin, qu'à la chute de ce dernier, il était resté au pouvoir. La proposition des députés envoyés à l'armée du Nord n'eût sans doute pas été agréée par le nouveau ministre de la guerre *Servan*, sans la recommandation de *Couthon*, alors en traitement aux boues sulfureuses de Saint-Amand.

Dumouriez, en habile voisin, avait su capter les bonnes grâces du jeune et influent député.

En attendant la décision du ministère, les trois commissaires avaient voulu se montrer aux troupes. « A Maulde, le canon tonnait; de minute en minute, les coups se succédaient. Trente dragons escortaient les commissaires. Dumouriez les attendait au château de *Montboisier*, antique demeure seigneuriale dont le propriétaire avait émigré. Il les reçut, sur le seuil, à la tête de son état-major et leur offrit un déjeuner auquel prirent part tous les généraux de la région, ainsi que deux administrateurs du département du Nord. A l'issue du repas, les convives se rendirent au camp.

Les députés prodiguaient à chacun les bonnes paroles : « C'est là, disaient-ils aux militaires, en leur montrant la frontière, que doit se porter votre attention. Tout ce qui est derrière vous nous regarde ; vous pouvez vous en fier à nous. Vive l'égalité ! »

A neuf heures du soir arriva le courrier annonçant officiellement la nomination de Dumouriez comme général en chef. « Ce fut, dit Couthon, un nouveau sujet d'allégresse universelle. »

Le décret parut le lendemain.

A peine devenu général en chef, Dumouriez jura, devant les trois commissaires, de vaincre ou de mourir. Il écrivit au président de l'Assemblée que les députés lui donnaient l'exemple du courage, et promit de punir la révolte de La Fayette, ce « nouveau Sylla ».

Dumouriez se proposait à ce moment d'envahir la Belgique et consacrait tous ses soins aux préparatifs de l'expédition. Mais le danger devint si grave du côté de l'est qu'il dut quitter le nord et se rendre à Sedan pour s'opposer à la marche de Brunswick.

Le bal de Ma[illegible]de (P. 33).

Avant de partir, il voulut visiter, une dernière fois, le camp de Maulde. Il y arriva juste pour y voir la conclusion d'un petit combat livré dans des circonstances tout à fait originales, à la suite d'un bal organisé pour y attirer les Autrichiens. Ce qui permit à Beurnonville d'écrire : « Les demoiselles Fernig, qui aiment la danse aux bayonnettes, faisaient partie de l'embuscade. Elles ont tué plusieurs Autrichiens, en ont blessé leur bonne part et repoussé l'ennemi jusqu'à l'entrée du bois. »

Le soir même, Dumouriez partit pour Sedan. Le 28, il fut reçu, au camp de La Fayette, par les murmures d'une partie de l'armée qui regrettait son ancien général et ne connaissait pas encore le nouveau. Pas un cri, pas un vivat; partout des visages chagrins et méfiants.

Un grenadier osa même s'écrier à une revue : « C'est ce b...-là qui a fait déclarer la guerre ! »

— Croyez-vous gagner la liberté sans vous battre, répondit Dumouriez.

L'à-propos du commandant en chef, ses actes pleins de vigueur, firent comprendre aux soldats qu'ils avaient enfin à leur tête un véritable chef.

Après le départ de Dumouriez, les Autrichiens avaient multiplié les attaques contre les villes du Nord et le camp de Maulde en particulier. Du 24 au 29 août, il y en eut quatre successives. Le 29 et le 31 août, le camp subit deux attaques plus importantes que repoussèrent victorieusement les généraux *Moreton* et *Beurnonville*. Les pertes des Autrichiens furent, pendant cette semaine, de 63 tués et 700 blessés. Les demoiselles Fernig ne prirent aucune part à ces combats.

Une assemblée électorale du département s'était tenue au Quesnoy. Des patriotes influents avaient offert une candidature à Fernig, qui n'avait pas voulu prendre de décision sans l'avis de ses filles. Elles se rendirent donc près de lui et lui donnèrent le conseil de ne pas accepter. Les électeurs assemblés leur firent une ovation enthousiaste.

A la suite du refus de leur père, elles retournèrent à Mortagne. Là, elles apprirent une nouvelle qui allait changer complètement leur manière de vivre. Dumouriez, afin de lutter avec succès dans l'est de la France, appelait à lui toutes les forces militaires disponibles. Il avait envoyé à Beurnonville l'ordre de lui amener d'urgence une partie des troupes du camp de Maulde. Il y ajoutait la prière expresse de conduire, avec lui, Félicité et Théophile Fernig. « Connaissant le courage de ces jeunes filles, l'empire qu'elles avaient acquis sur le soldat, et l'émulation que donnait leur exemple, il ne voulait pas se priver de ce puissant moyen d'entraîner ses troupes. »

Le départ de Beurnonville fut fixé au 7 septembre. Le camp de Maulde ne pouvant être gardé que par une forte garnison, fut évacué ce jour même. Beurnonville, accompagné des demoiselles Fernig et de leur père, se rendit à Valenciennes puis à Avesnes, où il réunit toutes les troupes qu'il devait conduire dans l'Est.

Le 13 septembre, Beurnonville arriva à Rethel. Ses troupes étaient harassées et crottées, mais joyeuses. « Qu'on nous donne deux choses, s'écriaient les soldats : demain, séjour pour nettoyer nos armes, et après-demain, bataille. »

DÉFENSE DE L'ARGONNE

Par DUMOURIEZ

Dumouriez était arrivé à Sedan le 28 août. Il s'occupa aussitôt de parer au plus pressé. Des ennemis nombreux foulaient le sol français et s'avançaient, comme un torrent, à travers l'Alsace et la Lorraine. Deux corps prussiens, forts, chacun, de 30,000 à 35,000 hommes commandés par *Brunswick* et le *prince de Hohenlohe*, se dirigeaient vers *Longwy;* les *émigrés* suivaient les Prussiens au nombre de 20.000 et avaient investi *Thionville*. La droite des Prussiens était couverte par un corps autrichien de 16.000 hommes, sous la conduite de *Clerfayt*, qui menaçait à la fois Montmédy, Longwy et Thionville.

Le général *Lückner* avait voulu d'abord s'opposer aux mouvements de l'ennemi, mais s'était retiré, découvrant les trois forteresses menacées et ne songeant plus qu'à protéger la route de *Verdun*.

Les Prussiens s'étaient présentés, le 23 août, devant Longwy, qui pouvait résister quinze jours ; la place se rendit au bout de quinze heures. Le 30 août, ils atteignirent Verdun.

Ce même jour, « Dumouriez assembla près de lui les officiers généraux qui étaient à Sedan ; il exposa la situation déplorable où se trouvait l'armée que venait d'abandonner La Fayette ; et à peine celle-ci se trouvait avoir 17.000 hommes disponibles, en ne laissant que les garnisons absolument indispensables dans Sedan et Mézières ; encore était-elle éparpillée dans divers points inutiles à garder ; cependant l'ennemi s'était emparé de Longwy, et était au moment ou de se porter sur Verdun ou de faire le siège de Montmédy ; il était impossible de s'opposer à sa marche.

« L'armée prussienne, forte de 55.000 hommes, étoit en entier sur la frontière ou déjà en France. Clairfayt, avec 16,000 hommes, étoit arrivé des Pays-Bas, et avoit pris poste à la droite de l'armée prussienne. On savoit qu'une seconde colonne d'Autrichiens, commandée par *Hohenlohe*, une d'émigrés et une de Hessois, succéderoient aux Prussiens, à mesure qu'ils avanceroient ; on savoit aussi que

La colonne d'Autrichiens de *Hohenlohe* (P. 38).

le maréchal Lückner n'avoit pas plus de 15.000 hommes disponibles, en laissant des garnisons suffisantes dans ses places.

« Les officiers généraux assemblés par Dumouriez, reconnoissant l'impossibilité d'attaquer de front un ennemi aussi formidable, que l'on ne pouvoit empêcher de passer la Meuse, guéable en 64 endroits, de Verdun à Stenay, pensèrent que le meilleur moyen seroit de faire une puissante diversion dans les Pays-Bas, en laissant seulement de bonnes garnisons dans les places depuis Sedan jusqu'à Maubeuge. (Général Dillon.) »

Cette opinion fut exprimée par Dillon; mais ne lui était pas personnelle. Dumouriez étant à Maulde ne pensait qu'à l'invasion des Pays-Bas autrichiens, et c'est lui qui avait suggéré à Dillon l'idée de la puissante diversion en Belgique. La majorité des membres du conseil de guerre de Sedan se prononça pour l'invasion des Pays-Bas, mais non sans hésitation. « Plusieurs généraux regrettèrent publiquement leur vote à peine émis, et l'avis du conseil fut accueilli « avec indignation » par un grand nombre d'officiers à qui leur grade ne permettait pas d'y figurer. »

Cette attitude de ses troupes fit réfléchir Dumouriez. Du reste ses illusions sur la possibilité d'une invasion des Pays-Bas s'évanouirent devant l'attaque à fond que poussait Clerfayt qui, dédaignant de faire le siège de Montmédy, lançait ses éclaireurs jusqu'à Stenay. Sa position au camp de Sedan pouvait devenir dangereuse si les Autrichiens venaient l'y attaquer et si les Prussiens, après s'être emparés de Verdun, venaient le prendre à revers.

Il résolut de quitter Sedan, de se porter aux défilés de l'Argonne et d'y barrer la route de Paris aux envahisseurs.

Il informa l'Assemblée de sa décision. « Les défilés de l'Argonne, dit-il, sont les Thermopyles de la France ; mais j'espère y être plus heureux que Léonidas. »

Son plan étant arrêté, il en poursuivit l'exécution avec son activité et sa bonne humeur ordinaires, en se faisant vigoureusement aider par un nouvel auxiliaire, le jeune Pierre Thouvenot, lieutenant-colonel et adjudant-général. C'était un homme hardi, fécond en ressources, jamais embarrassé, qui fut bientôt considéré comme l'homme le plus instruit de l'armée, comme l'homme indispensable dans le choix et la disposition d'un camp, dans l'organisation des reconnaissances.

La forêt de l'Argonne est une longue bande boisée, d'une largeur variable (une lieue à quatre), qui s'étend de Sedan à Sainte-Menehould, sur une longueur d'une quinzaine de lieues. C'est une ramification des Ardennes, coupée par des montagnes, des rivières, des étangs, des marais qu'une armée ne peut franchir aisément.

Cinq défilés permettent le passage de l'Argonne ; ce sont

du nord au sud : le *Chêne Populeux*, la *Croix-aux-Bois*, *Grand-Pré*, la *Chalade* et les *Islettes*.

Le Chêne-Populeux est large, sans obstacle naturel; la Croix-aux-Bois n'était qu'un chemin forestier réputé impraticable aux troupes. Grand-Pré forme une sorte de camp retranché naturel très favorable à la défensive pour l'occupant.

La Chalade et les Islettes sont percées de routes dans la direction de Sainte-Menehould.

En occupant les défilés de l'Argonne, Dumouriez espérait, avec ses 30.000 hommes, arrêter l'invasion.

Il s'établit à Grand-Pré, à cause de sa position centrale et de ses avantages naturels. Le général *Dubouquet* occupait le Chêne-Populeux; *Dillon* barrait la Chalade et les Islettes. A la Croix-aux-Bois se trouvaient un régiment de dragons et deux bataillons de volontaires. C'était le point faible de la défense de l'Argonne.

En même temps, Dumouriez prescrivait à *Kellerman* de venir le rejoindre avec les troupes de Metz. Il appelait à lui les soldats de *Duval*, qui était à Rethel. L'arrivée de Beurnonville ne pouvait tarder. Avec ces différentes forces, Dumouriez pouvait sérieusement espérer tenir tête à l'ennemi. Heureusement pour lui, l'armée prussienne perdit une dizaine de jours à la prise de Verdun. Le colonel *Beaurepaire*, forcé par le conseil de défense à capituler, se tua de désespoir.

Après la prise de Verdun, les Prussiens apprenant que l'Argonne était occupée par les Français, se mirent aussitôt en mouvement, renforcés par les Autrichiens de Clerfayt. A marches forcées, ils se précipitèrent à la fois sur tous les défilés; ils furent partout repoussés.

Brunswick appuya son mouvement offensif du côté du Chêne-Populeux tout en continuant ses attaques sur la Chalade et les Islettes.

Dillon, pressé par l'ennemi, demanda du secours. Dumouriez dégarnit en partie la Croix-aux-Bois. Clerfayt, renseigné par ses nombreux espions, lance sur ce point 8.000 Autrichiens commandés par le jeune *prince de Ligne*, qui force la Croix-aux-Bois et s'y établit solidement.

Dumouriez ordonna au général *Chazot* de se reporter à la Croix-aux-Bois et de reprendre cette position coûte que coûte. Chazot, malgré une vigoureuse résistance, chassa les Autrichiens, dont le jeune chef, le prince de Ligne, fut tué dans l'action.

Clairfayt, furieux de l'échec et de la mort du prince de Ligne, fondit avec toutes ses troupes sur Chazot et le refoula sur la route de Vouziers.

En même temps, Dubouquet évacuait le Chêne-Populeux après une résistance héroïque contre des forces très supérieures.

Après ces deux échecs, la position de Dumouriez à Grand-Pré était fort compromise. Il semblait que la

Les troupes de Beurnonville sous une pluie battante (P. 47).

retraite de l'armée française vers Châlons s'imposait.

C'est ici que Dumouriez montra tout son génie. Laissant les Prussiens le déborder par sa gauche, il quitte Grand-Pré et ordonne à Chazot de le rejoindre sur les hauteurs d'*Aubry*. A Dillon, il lui fait tenir l'ordre de défendre la Chalade et les Islettes jusqu'à la mort. Il dépêche son aide de camp Mac Donald à Kellerman pour presser sa marche.

Beurnonville avait reçu l'ordre en arrivant à Rethel de rejoindre l'armée en longeant la Suippe, petit affluent de l'Aisne. Il voulut d'abord se conformer aux instructions du général en chef. Mais apprenant une déroute survenue dans la plaine de Montcheutin, il craignit de tomber au milieu des ennemis, et n'avança plus qu'avec une extrême circonspection. Le 16 septembre, il était parvenu au village d'Auve, lorsqu'au loin il aperçut des troupes marchant en bon ordre vers Sainte-Menehould. C'était Dumouriez qui changeait de camp. Sans se donner la peine de faire une reconnaissance sérieuse, il recula et entra le soir à Châlons, où il soutint à Lückner avoir vu les Prussiens entre Dumouriez et lui.

Ayant marché, durant huit jours et trois nuits, sous une pluie battante, ses troupes n'en pouvaient plus. La fatigue de tous était si grande, que Beurnonville n'osa repartir le lendemain. En vain Dumouriez le priait de quitter Châlons le 17 septembre, à minuit ; il ne se remit en marche que le 18.

A Châlons, Beurnonville avait ajouté, à ses deux divisions, sept bataillons de fédérés, organisés tant bien que mal par Lückner.

Avec ce renfort de très mince valeur, il s'avança jusqu'à ce même village d'Auve où il s'était si maladroitement arrêté deux jours auparavant. Il y bivouaqua, et le lendemain, la veille de Valmy, s'avança vers le nouveau camp établi par Dumouriez non loin de Sainte-Menehould.

Dumouriez alla lui-même à cheval à la rencontre de Beurnonville. Du plus loin que l'aperçurent ses anciens soldats du camp de Maulde, ils l'accueillirent par une immense acclamation. Le général passa en revue ces troupes déjà vieilles, où chaque visage et presque chaque nom lui étaient familiers, et leur admiration inspira confiance aux soldats de La Fayette qui servaient depuis moins longtemps sous ses ordres. « Les Français valent dix fois leur nombre, a écrit Marmont, avec un chef qu'ils estiment et qu'ils aiment. » Dès lors, possédant ce chef, ils se crurent capables de tout.

A peine Dumouriez venait-il de rentrer dans son camp, que Westerman et Thouvenot lui apprirent que les masses prussiennes avaient dépassé la pointe de l'Argonne et venaient s'établir à l'ouest du camp français de manière à barrer à Dumouriez la route de Châlons. En effet, après avoir forcé les défilés de l'Argonne, les Prussiens s'étaient dirigés vers Sainte-Menehould et, tournant le dos à Paris, étaient venus s'établir en face de Dumouriez qui, des hauteurs de Valmy, voyait, au delà des lignes prussiennes, les plaines de la Champagne. La position des deux armées était originale : les Prussiens et Dumouriez avaient interverti leurs rôles.

Mac Donald vint, presque au même moment, lui annoncer que Kellerman, si impatiemment attendu, arrivait avec 20.000 hommes de l'armée de Metz et quelques milliers de volontaires de la Lorraine. Ainsi les plans de Dumouriez se réalisaient au moment voulu; désormais, sans trop de témérité, il pouvait essayer de résister au choc des coalisés.

BATAILLE DE VALMY

Les 20.000 hommes de Kellerman s'étaient établis sur le plateau de Valmy, en avant des troupes de Dumouriez, trop isolés du reste de l'armée. Ils étaient en face du coteau où les Prussiens avaient établi le centre de leurs positions.

La manœuvre de Kellerman était hardie, mais périlleuse. Dumouriez, qui avait donné l'ordre à Kellerman de se placer plus près de son camp de Sainte-Menehould, corrigea ce que la position de Kellerman avait d'aventureux en le faisant soutenir par huit bataillons et huit escadrons dirigés par le général Chazot.

Le 20 septembre, vers dix heures du matin, les masses

prussiennes s'avancent sur l'armée de Kellerman. Quarante-huit bouches à feu répandent la mort dans nos rangs. Kellerman, dont l'artillerie est excellente, riposte vigoureusement et oblige l'ennemi à ralentir son feu.

Après deux heures de canonnade ininterrompue, Kellerman lance une colonne d'attaque sur les Prussiens.

Ceux-ci attendent les Français de pied ferme. Brunswick forme alors trois colonnes, composées de ses meilleures troupes, soutenues par une nombreuse cavalerie et, malgré le feu terrible des batteries françaises, les lance sur les hauteurs de Valmy. Il veut en finir d'un seul coup; il espère que la vue de ses nombreux bataillons va produire une panique irrésistible parmi les Français.

Kellerman met alors son chapeau à la pointe de son épée, se place à la tête de ses troupes qui entonnent la *Marseillaise* et poussent le cri formidable de « Vive la nation ! »

Les Français se précipitent au-devant des colonnes prussiennes qui, surprises, se mettent lentement en retraite.

Brunswick renouvelle, trois fois de suite, son attaque sur Valmy, trois fois il est vigoureusement repoussé.

Le roi de Prusse lui-même, qui n'en peut croire ses yeux, se met à la tête de son armée et tente un dernier effort sur les hauteurs de Valmy. Il ne réussit pas mieux que Brunswick et donne, à son tour, l'ordre de reculer.

Valmy.

Kellerman et Dumouriez conservant leurs positions, pouvaient se considérer comme vainqueurs.

« Contrairement à une légende qui a longtemps régné, les volontaires, n'eurent, dans le succès de Valmy, qu'une faible part et, dans cette rencontre fameuse, le mérite de la résistance appartint avant tout aux vieilles troupes de ligne, à la cavalerie qui était restée bonne, et à l'artillerie, regardée encore, à juste titre, comme la première de l'Europe. Le rôle héroïque des volontaires, surtout de ceux de 1792, qui formaient vraiment l'élite de la jeunesse française, et des rangs desquels sortirent un nombre extraordinaire de grands hommes de guerre ne commença que beaucoup plus tard, quand l'expérience les eut formés. En attendant, ils n'agissaient que par leur masse, par l'effet moral que produisait leur multitude. De telles vérités sont utiles à constater, car il est mauvais de laisser croire à une nation qu'elle puisse, à l'heure du danger et par le seul enthousiasme, improviser de solides armées. »

A Valmy, les demoiselles Fernig s'étaient, comme à leur ordinaire, signalées par leur intrépidité. Peu de jours après, elles furent présentées aux trois conventionnels *Carra, Prieur* et *Sillery*, qui écrivirent d'elles à l'Assemblée :

« Ces deux jeunes enfants sont sans cesse aux avant-gardes et dans les postes les plus périlleux; sous le règne de Charles VII, une fille célèbre contribua à replacer ce roi sur le trône; nous en avons maintenant deux qui combattent pour nous délivrer des tyrans qui nous ont opprimés tant de siècles. »

D'accord avec les représentants, Dumouriez leur offrit, comme récompense, le grade d'adjoint aux adjudants-généraux, tandis que leur bataillon voulait, par acclamation, leur accorder celui de sous-lieutenant. Se croyant insuffisantes, elles refusèrent ces grades; mais, le général en chef n'admettant point leurs raisons, elles se soumirent, à la seule condition d'être toujours placées aux avant-postes. »

BATAILLE DE JEMMAPES

Après l'évacuation du camp de Maulde par les Français, les Autrichiens en avaient détruit toutes les fortifications.

Les habitants de la frontière étaient journellement vexés par leurs déprédations.

A Mortagne, pour exécuter une menace déjà vieille, ils avaient renversé de fond en comble la maison des demoiselles Fernig.

La Convention ne voulut pas laisser sans abri la famille de nos deux héroïnes et, à la nouvelle de leur malheur, elle ordonna que cette maison serait reconstruite aux frais de la République.

En attendant que ce décret pût être exécuté, le département du Nord logea leurs sœurs dans une propriété qui se trouvait à sa disposition, à Bruai, près de Valenciennes. C'était le château de Bruai, tombé dans le domaine public par suite de l'émigration de son ancien propriétaire, le *comte de Buat*, colonel du génie.

La retraite des Prussiens ne s'opéra que quelques jours après la bataille de Valmy. Les demoiselles Fernig revinrent alors à Mortagne.

Dumouriez se consacra alors tout entier à la préparation d'une affaire militaire qui lui tenait fort à cœur : l'invasion de la Belgique.

L'ensemble des troupes qui devaient concourir à l'expédition se montait à 86.000 hommes. Sous le commandement direct de Dumouriez se trouvaient 40.000 hommes qui devaient marcher sur *Mons* et après la prise de cette ville, en droite ligne sur *Bruxelles*, poussant devant eux le duc de Saxe-Teschen avec intention de lui livrer bataille s'ils l'atteignaient.

L'aile gauche de Dumouriez était forte de 18.000 hommes qui menaçaient Tournai.

L'aile droite était formée de deux corps de 12.000 et 16.000 hommes qui devaient contenir les Autrichiens qui tenteraient de se porter au secours du duc de Saxe-Teschen.

Les forces de ce dernier étaient de 20.000 hommes

placés sous ses ordres directs, plus 8.000 qui couvraient Tournai et différents corps qui inquiétaient Lille et les villes de la frontière.

Dumouriez possédait incontestablement à l'égard de son adversaire la supériorité du nombre. Mais son armée était travaillée par une cause incessante de décomposition: le départ des volontaires, dont beaucoup ne s'étaient engagés que pour un an.

Les premières opérations de Dumouriez consistèrent à nettoyer le territoire français des postes ennemis qui l'occupaient encore.

Jusqu'au 3 novembre, les Autrichiens étaient demeurés maîtres de Maulde. Ce jour-là, de bon matin, les troupes françaises de Saint-Amand les attaquèrent et, après les avoir délogés, leur donnèrent la chasse jusqu'aux portes de Tournai.

Ce même jour, la grande armée de 40.000 hommes commença sérieusement ses opérations. Beurnonville quitta Quiévrain ; il était à l'avant-garde.

Le 4, Dumouriez entra en Belgique à son tour.

Le 5, il se trouva en face des Autrichiens retranchés sur les hauteurs de *Jemmapes*.

La position des ennemis était formidable. Leur droite appuyée au village de Jemmapes, formant une équerre avec leur front et leur gauche était appuyée sur la chaussée de Valenciennes. Ils étaient placés dans toute cette longueur sur une montagne boisée où s'élevaient en amphithéâtre trois étages de redoutes garnies de 20 pièces de grosse artillerie, d'au moins autant d'obusiers et de trois pièces de campagne par bataillon, ce qui présentait une artillerie de près de cent bouches à feu. Nous en avions autant, mais l'élévation de leurs batteries leur donnait un grand avantage, si nous avions persévéré à vouloir terminer l'affaire avec le canon. Les troupes désiraient vivement de se mesurer de près avec l'ennemi.

La canonnade la plus vive, de part et d'autre, s'ouvrit à sept heures du matin. Elle dura jusqu'à dix heures sans succès décisif pour aucun parti.

Les troupes françaises furent enflammées par les dernières paroles de leurs frères et camarades d'armes qui expiraient à leurs côtés en criant : « Vive la Nation ! » et animées par le général Dumouriez qui parcourait les batteries et les rangs de bataille en criant : « Courage, camarades ! courage, républicains ! C'est pour la liberté que nous combattons ! »

Tous les Français témoignaient à leur chef une vive impatience d'approcher l'ennemi à la baïonnette. Dumouriez, satisfait de voir toute son armée si bien disposée depuis les chefs jusqu'aux soldats, résolu lui-même à décider cette affaire en emportant les redoutes, rapprocha ses batteries et ordonna l'attaque du village de *Quaregnon* parce qu'il ne pouvait pas assaillir Jemmapes avant d'avoir pris ce premier village. L'adjudant général Thouvenot fut chargé de diriger cette opération, d'emporter Jemmapes et tout le flanc droit de l'ennemi. Le général Harville rapprocha également ses batteries pour qu'elles fissent plus d'effet sur la gauche ennemie.

Le général Beurnonville fit la même manœuvre et reçut l'ordre de se tenir prêt à midi, pour l'attaque.

A midi, toute l'infanterie se mit, en un clin d'œil, en colonne de bataillon et se porta avec la plus grande allégresse vers les retranchements de l'ennemi.

Le premier étage des redoutes fut d'abord emporté avec la plus intrépide vivacité. Bientôt les obstacles se multiplièrent; le centre courut des dangers et la cavalerie ennemie était prête à entrer en plaine pour charger les colonnes par leur flanc.

Le lieutenant général *Egalité* fut chargé de rallier très vite les colonnes et, avec un sang-froid étonnant, il les ramena au deuxième étage des redoutes.

Le sixième régiment de hussards et le troisième de chasseurs chargèrent vivement la cavalerie autrichienne.

Le général Dumouriez se porta en même temps à la droite où il trouva, après un ample succès de la part de la colonne du général Beurnonville, dans l'attaque de ces redoutes qu'elles avaient tournées et emportées, un peu de désordre qui s'était mis dans sa cavalerie pendant qu'il était occupé à la tête de son infanterie.

Dumouriez, le sabre au clair, ainsi que tous ses aides de camp qui l'accompagnaient, menaçant, encourageant sa troupe, rallia avec une vitesse remarquable cette cavalerie qui chargea dans l'instant même, et avec la plus grande intrépidité, la cavalerie ennemie qui gagnait déjà notre flanc droit.

Cette cavalerie voulut, pendant ce ralliement, enfoncer notre premier bataillon de Paris qui la reçut avec une extrême vigueur et lui tua, d'une seule décharge, soixante hommes.

Dans l'intervalle de ce combat de la droite, la gauche avait emporté le village de Jemmapes, le centre avait enlevé les secondes redoutes. Il fallut donner un nouveau combat sur la hauteur; mais il fut moins vif et moins long.

Les Autrichiens, entièrement consternés de la valeur de nos troupes, firent, à deux heures, leur retraite dans le plus grand désordre. Les Français occupaient alors tout le terrain de l'ennemi, jonché de morts et de blessés des deux partis.

Les pertes des Autrichiens furent si considérables et leur confusion si grande, qu'ils traversèrent la ville de Mons sans s'y arrêter.

Mons se rendit le lendemain aux Français qui y entrèrent vers dix heures du matin.

Les demoiselles Fernig avaient montré, pendant tous

Dumouriez, le sabre au clair... (P. 62).

ces combats, leur vaillance ordinaire. Le 4 octobre, envoyées en expédition, dans le bois de Boussu, contre les postes avancés de l'ennemi, elles avaient couru de grands dangers.

Un chasseur autrichien s'acharnant à terrasser l'une d'elles, les deux adversaires se défendent longtemps corps à corps. Melle Fernig manque d'un coup de pistolet le chasseur qui, la manquant à son tour d'un coup de fusil, s'avance sur elle pour la percer de sa baïonnette ; mais elle est assez heureuse pour lui porter un coup de sabre qui le désarme ; elle le fait ensuite prisonnier.

Le 6, les colonnes françaises, sous le feu meurtrier des batteries croisées, commençaient à fléchir et à se débander. Nous avons vu que le général *Egalité* s'était élancé vers elles et les avait vigoureusement ralliées et ramenées à la charge. Les demoiselles Fernig s'étaient élancées à la suite du général pour rallier les colonnes qui s'emparèrent des batteries ennemies. Dans l'attaque des redoutes qui suivit, les demoiselles Fernig firent tomber deux ennemis sous leurs coups.

*
* *

C'est presque immédiatement après ces nouveaux exploits, mais en l'honneur de leurs hauts faits antérieurs qu'elles reçurent des « citoyennes de Strasbourg armées de piques », une adresse ainsi conçue :

Citoyennes Françoises,

« Votre ardent amour pour la patrie, votre zèle à voler à sa défense, le courage que vous avez montré dans toutes les occasions où vous aviez à combattre et à terrasser nos barbares ennemis, vous ont attiré l'admiration de tous les François et l'amitié de toutes les Françoises. Les détails qui nous sont parvenus de votre conduite héroïque ont rempli nos âmes d'un saint enthousiasme, et, malgré le peu d'espoir que nous ayons de vous ressembler, nous tâcherons au moins d'imiter votre généreux dévouement.

« Illustres héroïnes de la liberté, nous vous faisons passer comme un hommage digne de vous, la copie d'une pétition que nous venons de présenter à nos administrateurs. Elle vous prouvera mieux que ne le pourraient les plus beaux discours, combien nous désirons de devenir vos émules ; car le plus bel éloge qu'on puisse faire de la vertu, c'est d'obéir à ses douces influences.

« Les citoyennes qui veulent comme vous
« *Vivre libres ou mourir.* »

L'exemple des demoiselles Fernig produisit des actes de dévouement que nous ne voulons pas passer ici sous silence.

A la bataille de Jemmapes, une femme belge combattit sous l'habit masculin. Plus tard, elle fut nommée, par Napoléon, membre de la Légion d'honneur.

La requête suivante fut remise, peu de jours après la bataille, par le général Dampierre à Dumouriez.

« Le nommé Jolibois, vétéran à l'armée françoise, ayant appris que son fils étoit déserté du premier bataillon de Paris, est arrivé le matin de la bataille de Jemmapes, a pris la place de son fils et s'écrioit à chaque coup de fusil qu'il tiroit sur l'ennemi : « O mon fils, faut-il que le sou-
« venir douloureux de ta faute empoisonne des moments
« aussi glorieux ! »

« Les braves volontaires du bataillon de Paris, Balan et moi, prions le général Dumouriez de vouloir bien faire avoir un *brevet d'officier* à ce brave vétéran. »

Dumouriez s'avança sans trop de peine sur Bruxelles. A Hall, les Autrichiens qui s'y étaient ralliés au nombre de 25.000, s'opposèrent à la marche de notre avant-garde. Celle-ci, renforcée par d'autres corps français accourus à son secours, fondit sur l'ennemi et tailla en pièces un parti de Hongrois.

Les Autrichiens furent poursuivis jusqu'au village d'*Anderlecht*, à une lieue de Bruxelles, où s'engagea un combat très vif qui dura près de vingt-quatre heures.

Cette journée fut aussi meurtrière et aussi honorable pour les troupes de la République que celle de Jemmapes.

Dans cette affaire, l'une des demoiselles Fernig, pénétrant dans le faubourg d'Anderlecht à la tête de quelques dragons, pour reconnaître le village, faillit perdre la vie. Deux Tyroliens, cachés dans une haie, lâchèrent, à bout portant, deux coups de carabine ; heureusement le cheval de la jeune fille, effrayé par le mouvement des deux hommes, fit un écart et les balles passèrent, l'une dans les cheveux, l'autre dans la plume du chapeau de Mlle Fernig. La petite troupe fut entourée, mais l'arrivée d'un détachement la sauva.

Les deux sœurs, à Anderlecht, payèrent courageusement de leur personne. Dumouriez terminait son rapport au ministre par ces mots : « Je recommande à la Convention nationale les deux sœurs Fernig ; ce sont d'intrépides guerrières. »

A la suite de ce combat, en revenant de porter un ordre à l'avant-garde, Félicité rencontra un très jeune officier de volontaires belges renversé de son cheval par un coup de feu, et se défendant avec son sabre contre des uhlans qui voulaient l'achever. Sans se donner le temps de la réflexion, elle tua deux des cavaliers ennemis, mit les autres en fuite et, descendant de cheval, ramassa le blessé qu'elle confia à ses hussards pour le conduire à l'ambulance, où elle alla le voir ensuite. Cet officier, âgé de dix-neuf ans, se nommait *Vanderwallen*. Il devait plus tard l'épouser.

Le combat d'Anderlecht livra Bruxelles à Dumouriez.

L'armée ennemie, vaincue, terrassée et encore une fois

en pleine déroute, tourna la ville de Bruxelles et gagna Anvers.

Le général en chef fit sommer la ville et la garnison de Bruxelles de se rendre. Les magistrats vinrent lui offrir les clefs de la ville. Dumouriez fit alors son entrée avec une partie de son armée, vers neuf heures du matin, aux acclamations de : « Vive la liberté ! Vivent les Français ! »

La municipalité de Bruxelles, en présentant les clefs de la ville à Dumouriez, avait manifesté toute la joie que l'arrivée des Français occasionnait à la population.

« Tous les cœurs vous sont acquis, dit l'un des magistrats. Veuillez agréer le pur hommage de notre juste reconnaissance pour les grands bienfaits dont vous nous comblez. Recevez, sous l'égide de votre puissante protection, les intérêts de la nation, et en particulier ceux de la municipalité ; que la loi règne sous vos heureux auspices et que la félicité de la nation Belgique naisse sur les pas du héros immortel que la *Victoire* et la *Liberté* nous amènent. »

Dumouriez répondit :

« Citoyens, il ne faut plus de ces cérémonies : gardez vos clefs ; gardez-les bien vous-mêmes ; ne vous laissez plus dominer par aucun étranger ; vous n'êtes point faits pour l'être. Joignez vos citoyens aux nôtres, pour chasser les Allemands. Nous sommes vos amis, vos frères. »

Dumouriez fit occuper toutes les principales villes de

la Belgique. A Malines, les habitants se soulevèrent contre les Autrichiens qu'ils forcèrent à se rendre. Nos troupes entrèrent dans la ville au milieu des acclamations et des cris de *Vive la Nation Française !*

Le général Labourdonnaie se dirigea rapidement vers Anvers afin d'en faire le siège.

Anvers se déclara pour les Français qui entrèrent dans la ville sans difficulté.

« Le 18, vers les quatre heures, les François, si longtemps désirés, sont entrés dans notre ville. Les serments (corporations), les volontaires et les magistrats ont été à leur rencontre.

« A l'entrée de ces guerriers invincibles dans notre ville, les cris de « *Vivent les François!* » les applaudissements retentissoient de toutes parts, les croisées des maisons étoient remplies de monde; les chapeaux, les mouchoirs qui s'agitoient dans les airs obscurcissoient le jour. Les François ont été conduits au milieu de ces cris et démonstrations de joie sur la place et de là au quartier qui avoit été préparé pour les recevoir. Le général françois Lamarlière, accompagné de quatre officiers, s'est rendu au spectacle où il a été accueilli par des applaudissements sans nombre et par l'air *Ça ira*.

« Un officier de sa suite a chanté une chanson patriotique et tous les spectateurs se sont mis à faire chorus. Une actrice, vers la fin du spectacle, a présenté au général une couronne et a chanté un couplet adressé à la nation françoise. Cette galanterie a été très applaudie et lui a valu une accolade du général Lamarlière et de sa suite. »

(Récit d'un témoin.)

Dumouriez lança sur Louvain un détachement important qui ne tarda pas à occuper la ville.

A Tirlemont, il livra un combat aux Autrichiens qui perdirent quatre cents hommes. Les demoiselles Fernig s'y distinguèrent par leur intrépidité; il en fut de même à Liège. Elles assistèrent au siège de Maëstricht et partout elles excitèrent l'admiration de leurs compagnons d'armes par leur ardeur dans les combats, leur modestie dans le triomphe.

BATAILLE DE NERWINDEN

Pendant que ces événements s'accomplissaient en Belgique, Paris assistait à un procès célèbre : la Convention jugeait Louis XVI.

Convaincu d'avoir trahi la France, il fut condamné à mort et exécuté le 21 janvier 1793.

Toute l'Europe monarchique se leva contre la Convention : celle-ci, pour se défendre et défendre la France en même temps, décréta une levée en masse de 300.000 hommes.

« Ce fut le commencement de la grande réquisition de

tous les non-mariés ou veufs sans enfants, de dix-huit à quarante ans. La Convention fixa, pour 1793, la force totale des armées à 502.000 combattants et décida, en outre, de délivrer des lettres de marque pour la course maritime. »

L'invasion de la Hollande avait été arrêtée entre Dumouriez et le Conseil exécutif. Dès son arrivée à Anvers, le général prépara l'expédition.

Les griefs de la Convention contre la Hollande étaient nombreux. Elle lui reprochait, non sans raison, d'avoir traité avec mépris les agents de la France, accueilli des émigrés, vexé des patriotes français, relâché des fabricants de faux assignats, empêché des exportations pour la France, favorisé les approvisionnements des magasins prussiens et autrichiens.

L'armée de Hollande s'était relâchée dans sa discipline. Aussi Dumouriez fut-il obligé d'adresser à ses troupes un ordre du jour très sévère. Il leur disait que « les Français venant en Hollande pour y faire triompher la cause de la liberté et de l'égalité devaient cesser de déshonorer leurs succès par les vexations, les violences et les crimes qu'ils se permettaient contre les habitants paisibles et honnêtes qui les recevaient comme des frères. En conséquence, il ordonna de planter une potence sur la place du marché de *Bréda* où était son quartier général, déclarant que s'il trouvait parmi ses soldats un scélérat assez hardi pour continuer à déshonorer le nom français, il le punirait d'une mort infamante sans rémission et sans délai. »

Les troupes françaises avaient été divisées en deux armées distinctes : la première, dite *armée de Hollande*, devait pénétrer rapidement au cœur du pays et s'emparer d'Amsterdam avant le renfort des Anglais et des Autrichiens ; la seconde, dite *armée de la Meuse* ou de *Belgique*, devait s'emparer des places fortes de ce fleuve.

L'armée de Hollande, sous la direction de Dumouriez, devait en outre, en revenant d'Amsterdam, prendre les défenses ennemies à revers, enserrer l'armée hollandaise entre les deux armées françaises.

Les demoiselles Fernig se trouvaient à l'armée de la Meuse.

Pendant que Dumouriez s'avançait dans l'intérieur de la Hollande, prenant des villes, des forteresses, l'armée de la Meuse était attaquée par 45.000 Autrichiens conduits par Clerfayt. Dispersée dans divers cantonnements, sans chef autorisé, sans direction, sans surveillance, l'armée de la Meuse avait dû reculer, évacuant *Aix-la-Chapelle, Maëstricht, Vanloo*. Son arrière-garde fut surprise et battue à *Tongres*.

La marche des Autrichiens avait été si rapide que les différents corps de l'armée de la Meuse étaient exposés à être coupés.

Heureusement, le général *Valence* se précipita à la

tête de quelques bataillons de grenadiers et arrêta l'ennemi.

Les demoiselles Fernig se trouvèrent partout aux endroits les plus exposés; elles se distinguèrent à Tirlemont. à Liège, à Maëstricht, à Tongres.

Dumouriez ne se rendit pas compte immédiatement de la gravité des événements qui se passaient à l'armée de la Meuse. Il prévit cependant qu'il serait sans doute obligé de reculer lui-même et que les Français seraient assiégés, à leur tour, dans les villes dont ils s'étaient emparés. Il resta pourtant en Hollande, continuant ses opérations, espérant attirer à lui Clerfayt et venger la déroute des Français sur la Meuse.

Les commissaires de la Convention à l'armée de la Meuse pressaient Dumouriez de les rejoindre : « L'état de désorganisation de cette armée allait s'aggravant. L'insouciance et le trouble des généraux, l'impossibilité de se rallier en présence de l'ennemi et surtout l'absence d'un homme supérieur en autorité et en influence, avaient beaucoup facilité les succès des Impériaux. Plus de dix mille déserteurs avaient déjà abandonné l'armée et s'étaient répandus vers l'intérieur ; la terreur était partout. »

Les commissaires de la Convention coururent à Paris et firent donner l'ordre à Dumouriez de laisser à un autre l'expédition tentée sur la Hollande, et de revenir au plus tôt se mettre à la tête de la grande armée de la Meuse.

Il avait adressé, avant son départ, à l'armée de la Meuse, la proclamation suivante, datée du 4 mars :

LE GÉNÉRAL DUMOURIEZ A L'ARMÉE DE LA BELGIQUE

Mes braves camarades, mes amis, mes enfants,

Vous venez d'essuyer un échec et il semble que votre fierté républicaine, que ce courage indomptable qui a fait mes succès, soyent diminués un moment. Ce revers est dû à votre négligence. Qu'il vous rende aussi sages et aussi prudents que je vous ay connus braves. Vous êtes plus forts du double que les ennemis qui vous ont fait quitter votre poste. Ces ennemis sont les mêmes que nous avons vaincus ensemble dans les plaines de la Champagne et de la Belgique.

Rappelez-vous que, n'étant qu'une poignée de monde, nous avons bravé plus de quatre-vingt mille hommes dans les camps de Grandprés et de Sainte-Menehould.

Les mêmes généraux vous guidant encore, donnez-leur une confiance entière. Si l'ennemy veut passer la Meuse, serrez vos bataillons, baissez vos bayonnettes, entonnez l'hymne des Marseillais et vous vaincrez.

Trois places fortes, hérissées d'une artillerie formidable, environnées d'inondations inaccessibles, Bréda, Klundert, Gertruydenberg viennent, en huit jours de temps, de succomber sous les efforts des bataillons venus de France et qui n'avoient point encore combattu. Jugez ce que vous devez faire, vous qui avez toujours triomphé. Je ne peux pas vous rejoindre d'ici quelques jours. C'est pour me réunir à vous avec des vivres, des armes, de l'argent, des munitions, des nouveaux alliés, que je m'en suis séparé pour peu de temps.

Mais mon œil veille sur vous; mes conseils guident vos généraux, qui sont mes amis et mes élèves. Rougissez d'avoir pu un moment manquer de fermeté et d'audace; relevez vos fronts républicains, pensez à la vengeance et mourez libres ou soyez vainqueurs.

Je vous embrasse et vous aime tous, comme un bon père aime ses enfants.

Le général en chef,

DUMOURIEZ.

Il partit le 9 mars, laissant à son chef d'état-major *Thouvenot* des ordres pour la continuation des opérations en Hollande. Le 13 mars, il joignait l'armée de la Meuse, toujours en retraite depuis ses premiers échecs.

« Dès le jour de sa rentrée en Belgique, Dumouriez s'était montré de la plus méchante humeur. Il fit arrêter et envoyer sous escorte à Paris des commissaires de la Convention; et il avait, le 12, de Louvain, écrit lui-même à l'Assemblée une lettre si impertinente qu'elle fut tenue secrète par le Comité de sûreté générale. »

Frappe, si tu l'oses... (P. 83).

A l'armée de Hollande, tout se gâta après le départ de Dumouriez. Il est à regretter que l'ordre de rejoindre le général en chef n'eût pas été donné à cette armée. La division des forces françaises devait amener des catastrophes. Dumouriez, plus que tout autre, sentait la responsabilité de nos revers, car c'est d'après son propre plan que la répartition de nos troupes en deux armées avait été faite.

Dumouriez se trouvait donc dans de très mauvaises dispositions lorsqu'il se mit à la tête de l'armée de la Meuse. Il la reporta en avant et chassa de Tirlemont l'avant-garde autrichienne.

Le 18 mars se livra la bataille de *Nerwinden*. Le centre de l'armée française était commandée par le *duc de Chartres*, l'aile droite par le général *Valence* et la gauche par le général péruvien *Miranda*.

Dumouriez ordonna l'attaque. Les forces étaient à peu près égales en nombre, moins de quarante mille hommes de chaque côté; mais l'ennemi était très supérieur en cavalerie et ses troupes étaient en meilleur état que les nôtres.

Les Français montrèrent la même valeur qu'à Jemmapes; ils s'élancèrent bravement à l'assaut des hauteurs du village de Nerwinden où s'était retranché le général ennemi *Cobourg*.

Nerwinden fut pris et repris plusieurs fois par le centre

et la droite des Français où se trouvaient Dumouriez et l'ex-duc de Chartres. Leur avantage ne fut pas décisif. Mais l'aile gauche commandée par Miranda opéra une retraite précipitée, presque une fuite, qui obligea Dumouriez à reculer le lendemain matin.

Un témoin oculaire parle de la bataille de Nerwinden en ces termes.

« Nous nous sommes battus depuis six heures du matin jusqu'à six heures du soir; il n'y a pas d'exemple d'une pareille bataille où toute la science des généraux a été mise en œuvre, mais où il n'y a eu aucun avantage décidé; on a conservé ses postes seulement. Il y a eu beaucoup de monde tué et de blessé à cette bataille, mais beaucoup plus du côté de l'ennemy, quoique nous en ayons eu beaucoup de blessé du nôtre. Nos généraux ont chargé l'ennemy à la tête de la cavalerie. Le général de l'artillerie Huiscard y a été tué; le général Valence y a reçu deux coups de sabre sur la tête et un sur le bras. Les généraux Dumouriez et Thouvenot ont failly être enveloppés par l'ennemy, ils ont dû leur salut à la vitesse de leurs chevaux. Beaucoup d'adjudants généraux, d'aides-de-camp, d'officiers de tous grades, y ont perdu la vie ou y furent blessés.

« En général, cette bataille a été plus meurtrière que celle de Jemmapes, sans être aussi décisive. Si l'aile gauche avoit donné avec la même valeur que le centre et l'aile droite, nous remportions une victoire des plus complètes. Mais que penser de cela? Miranda, qui devoit la commander, n'y étoit pas; nous ne l'avons point vu. Une bonne partie des volontaires qui composoient la majeure partie de cette aile gauche, ont pris la fuite : impossible de les ramener au combat. Point d'officiers généraux. Ah! grands dieux, comment peut-on sacrifier de braves gens comme cela? Notre pauvre petit détachement y a été favorisé de la divinité : il ne devoit pas y en revenir un seul et nous n'avons eu qu'un hussard de blessé. Cette mémorable bataille s'est donnée dans le fameux champ de bataille de Nerwinden. »

A Nerwinden, qui devait être leur dernier combat, les demoiselles Fernig s'étaient encore distinguées.

« Le corps du général Chancel, a écrit Théophile, se retirait en désordre; nous le ralliâmes, obligées d'employer le sabre pour arrêter les fuyards : un d'eux, se sentant frappé, se retourne et appuie la baïonnette sur la poitrine de l'une de nous. Elle ouvre son gilet et s'adresse au soldat :

— « Frappe, lui dit-elle, frappe, si tu l'oses, une femme qui te rappelle à l'honneur !

« A ces mots, les camarades sortent de leur apathie, ils veulent faire justice du malheureux, ce que nous empêchons, et nous profitons de ce moment pour les ramener à leurs rangs. Les cuirassiers ennemis accourent pour les enfoncer ; ils sont vivement repoussés par la cavalerie française à laquelle nous nous joignons. L'une de nous blessa un cuirassier autrichien et eut son cheval blessé d'un coup de feu, l'autre donna la mort à un des assaillants. — Nous en appelons à l'armée, au corps du général Chancel, au général Chancel lui-même qui, les larmes aux yeux, nous remercia de l'avoir aidé à réparer son honneur. »

TRAHISON DE DUMOURIEZ

La conduite de Dumouriez en Belgique avait toujours été double. Ses proclamations révolutionnaires, ses fondations de clubs lui avaient donné beaucoup d'influence sur les masses populaires; ses ménagements en particulier envers les classes dirigeantes, qu'il attaquait en public, lui donnaient une grande force dans l'administration. Peut-être visait-il à avoir dans la main, pour son compte, et son armée et la Belgique.

Le jeune duc de Chartres, le général Égalité, dont nous avons déjà parlé plusieurs fois, qui s'était signalé à Valmy, à Jemmapes, était aux yeux de Dumouriez le chef de la monarchie constitutionnelle qu'il médita de rétablir en France après la mort de Louis XVI.

Ces conceptions amenèrent Dumouriez, homme d'intrigues autant qu'habile général, à se détourner de ses devoirs militaires, à se mettre en révolte contre le gouvernement de la France.

Dumouriez agissait en maître en Belgique. Il passait des marchés en grand avec des spéculateurs très habiles mais très avides, en même temps qu'il prélevait un gros emprunt sur le clergé belge, ce qui constituait, de sa part, un engagement tacite à ne pas toucher aux biens ecclésiastiques.

Cambon voyait avec peine les agissements de Dumouriez.

Son plan était tout le contraire de celui du général. Il voulait révolutionner à fond la Belgique, mettre la main sur les biens du clergé, introduire les assignats et finalement annexer la Belgique à la France.

Les rapports entre Dumouriez et Cambon se tendirent à l'extrême.

Cambon fit casser tous les marchés contractés par Dumouriez, fit confier tout l'approvisionnement de l'armée à des commissaires nommés par la Convention et lancer le fameux décret du 15 décembre sur l'organisation révolutionnaire des pays occupés par nos armées.

Dumouriez en fut consterné.

Cambon n'avait pas fait décider sans lutte les mesures ci-dessus par la Convention. Danton, qui avait fait un séjour en Belgique s'était montré partisan de l'annexion :

« Aux bords du Rhin, au pied des Alpes doit finir notre République. »

Son avis avait entraîné le vote de la Convention [1].

Dumouriez en garda rancune à Cambon, à Danton et à la majorité de la Convention.

Les mesures violentes prises contre les Girondins lui servirent à point de prétexte pour entamer la lutte contre le gouvernement révolutionnaire et tenter de rétablir la monarchie constitutionnelle du jeune Egalité.

Dès lors, la conduite de Dumouriez fut si louche qu'il amena la Convention à le soupçonner de trahison.

Trois jours après Nerwinden, le colonel autrichien *Mack* eut une entrevue avec Dumouriez, Thouvenot et l'adjudant-général. « Ils convinrent de ne plus se livrer de combats décisifs, de se suivre lentement et en bon ordre, pour épargner le sang des soldats et ménager le pays. »

Dans son entretien avec le colonel Mack, Dumouriez dit nettement qu'il voulait chasser la Convention, rétablir la royauté constitutionnelle, proclamer roi le fils de Louis XVI et sauver la reine. Il demanda, pour l'exécution de ses projets, l'assistance du prince de Cobourg.

Les deux complices se trompaient mutuellement, Dumouriez, vainqueur de la Convention, aurait assis le duc de Chartres sur le trône de France. Mack espérait

1. Ce fut le 19 mars, le lendemain de Nerwinden que la Convention rendit le décret d'incorporation de la Belgique, juste au moment où nos armées allaient l'évacuer.

qu'une fois la contre-révolution commencée, elle irait jusqu'au retour complet à l'ancien régime.

Mack réclama, comme condition préalable, l'évacuation complète de la Belgique. Dumouriez consentit.

A la suite de cet accord, Dumouriez battit en retraite précipitamment. Les commissaires de la Convention *Danton* et *Lacroix* qui étaient venus de la part du Comité de sûreté générale lui demander des explications sur sa lettre du 12 mars furent traités par Dumouriez avec une hauteur dédaigneuse. Pour mettre ses troupes de ligne en dehors de l'action révolutionnaire des volontaires, il en forma un corps d'élite de 15.000 hommes qu'il dirigea lui-même à l'arrière-garde. Bruxelles fut évacuée le 24, avec beaucoup d'ordre.

A Tournai, Dumouriez fut rejoint par trois émissaires que son ami, le ministre *Lebrun*, lui envoyait pour essayer de découvrir ses véritables intentions. L'un des émissaires, *Proly*, se rendit d'abord seul auprès de Dumouriez qui se répandit en invectives contre la Convention, disant qu'il « était assez fort pour se battre par devant et par derrière et que dût-on l'appeler César, Cromwell, ou Monck il sauverait la France seul et malgré la Convention ».

Dans une seconde conversation tenue en présence des trois émissaires, il répéta les mêmes folies.

Il partit ensuite, à huit heures du soir, rejoindre le colonel Mack, à Ath.

Leur nouvelle entrevue consacra, d'une manière définitive, la trahison de Dumouriez.

Il fut convenu qu'une suspension d'armes arrêterait les hostilités ; que les Impériaux n'avanceraient pas sur Paris, pendant qu'il y marcherait lui-même et que l'évacuation de la Belgique serait le prix de cette condescendance ; il fut stipulé aussi que la place de *Condé* serait temporairement donnée en garantie, et que, dans le cas où Dumouriez aurait besoin des Autrichiens, ils seraient à ses ordres. Les places fortes devaient recevoir des garnisons composées d'une moitié d'Impériaux et d'une moitié de Français et, à la paix, elles devaient être rendues chacune à son ancien possesseur.

Dumouriez eut une nouvelle entrevue avec les trois émissaires du ministre Lebrun à qui il dévoila entièrement ses desseins contre-révolutionnaires, manifestant même l'intention — lui qui avait si chaudement approuvé la journée du 10 août et la proclamation de la République — de rétablir un roi !

La conversation dura jusqu'à trois heures du matin, et les émissaires reprirent le chemin de Paris, pleinement édifiés sur les dangers qu'allaient courir la Convention et la France.

A peine étaient-ils sortis que Dumouriez écrivit une longue lettre militaire à Beurnonville. Il essayait de justifier tant bien que mal ses dispositions, et, entre autres désastres nouveaux, lui faisait part de l'évacuation de Mons.

Le 29 eut lieu un incident très important.

Les nouveaux commissaires de la Convention près les armées de la Belgique et les départements du Nord et du Pas-de-Calais, se trouvèrent réunis à Lille. *Lazare Carnot* et *Merlin de Douai* en étaient. Ils requirent Dumouriez de se rendre le jour même à Lille, dans l'après-midi, « maison du citoyen *Mousquet*, place du Lion d'Or », pour s'expliquer avec eux sur les inculpations graves qui le concernaient et dont il lui serait donné connaissance.

Mais, de Tournai, Dumouriez, sous divers prétextes tirés des circonstances militaires, refusa de se soumettre à cette injonction, déclarant fort cavalièrement « qu'il ne pouvait à la fois plaider et commander, sa tête ne suffisant pas à ces deux genres de guerre. »

Le même jour, Dumouriez lançait aux départements du Nord et du Pas-de-Calais, une proclamation ainsi conçue :

« Proclamation aux départements du Pas-de-Calais et du Nord.

« Citoyens,

« Je ne vous dissimulerai pas la grandeur des dangers qui nous menacent : ils existent moins dans le nombre et le courage de nos Ennemis, que dans l'abandon coupable des soldats de la République, et dans leur indifférence

Mack, Dumouriez et Thouvenot (P. 87).

pour la cause que nous avons juré de défendre. Ceux qui restent avec moi et avec les autres Généraux, sont de braves soldats et de bons Citoyens. Nous ne fuyons pas ; nous reculons comme de vrais Guerriers, et chaque fois que l'Ennemi tente de nous entamer, nous nous défendons comme des hommes libres. Nous couvrons en ce moment votre Frontière. J'ai pourvu par des Garnisons à la sûreté de vos principales Places fortes ; nous les défendrons si on les attaque, et vous nous seconderez.

« Mais pensez, chers Concitoyens, que nous avons à combattre un monstre bien plus dangereux que les Ennemis extérieurs, c'est l'Anarchie. Ce monstre nous désorganise depuis longtemps, il prend les formes et le langage d'un Patriotisme exagéré, et il nous conduit à la licence et au crime. Les lâches qui coupent des têtes ou qui conseillent les moyens violents, sont ceux qui donnent l'exemple de la fuite et qui n'osent soutenir le regard de l'Ennemi. L'homme vraiment courageux est vertueux et humain. Bientôt, lorsque mes Braves Camarades et moi, réduits à un petit nombre par la désertion, rentrerons dans l'intérieur de nos Frontières, nous serons assaillis d'une foule de dénonciations et de calomnies ; aucun de vos généraux n'a pu encore y échapper.

« J'ai été souvent menacé de mort ; ne craignez rien. Citoyens, nous défendrons nos têtes, parce qu'elles sont nécessaires à la République. Les Braves se rassembleront autour de nous; les hommes égarés reviendront de leurs erreurs; le règne des Loix renaîtra et nous défendrons la Patrie avec la même force contre l'Anarchie que contre le Despotisme.

« A Tournai, le 28 mars 1793, l'an IIe de la République.

« Le Général en chef :

« DUMOURIEZ. »

Exécutant la convention conclue avec Mack, Dumouriez continuait sa retraite. Ses projets n'étaient plus un secret pour personne ; on s'attendait à le voir se mettre en révolte ouverte contre la Convention.

Les troupes de ligne et les volontaires s'observaient avec défiance.

A Paris, on était fixé sur les manœuvres de Dumouriez.

Le Comité de sûreté générale avait, sur les rapports alarmants parvenus au pouvoir exécutif, proposé et fait rendre, le 30 mars, un décret par lequel Dumouriez était mandé à la barre de la Convention et par lequel aussi étaient rappelés les commissaires précédemment envoyés à l'armée du Nord.

Le même décret ordonnait au ministre de la guerre, Beurnonville, de se rendre à la frontière accompagné de quatre commissaires ayant pouvoir de suspendre et faire arrêter tous généraux, fonctionnaires et autres citoyens qui leur paraîtraient suspects.

Ces commissaires étaient *Bancal*, du Puy-de-Dôme ; *Camus*, de la Haute-Loire ; *Lamarque*, de la Dordogne et *Quinette*, député de l'Aisne qui déjà, après l'arrestation de La Fayette avait rempli semblable mission à l'armée de Sedan.

Ils partirent de Paris dans la nuit du 30 au 31, tandis que les Conventionnels restés à Lille demandaient à Dumouriez des troupes afin de couvrir cette place et lui fournissaient ainsi inconsciemment l'occasion de faire occuper Lille par des soldats qui lui seraient dévoués.

Le général Thouvenot donna les ordres nécessaires pour le départ de quatre bataillons de Lille.

Les Commissaires de la Convention et le ministre Beurnonville, après une nuit et une journée en chaise de poste arrivèrent à Lille, le 1er avril, au matin. Ils se firent accompagner d'une escorte de 150 hussards et se rendirent à Orchies, puis à Saint-Amand.

Cette journée du 1er avril fut décisive, puisque Dumouriez fut forcé de se déclarer ouvertement.

Il prenait, du reste, ses précautions.

Rien n'était moins sûr que l'adhésion de ses soldats à ses projets. Cinq d'entre eux ne craignirent pas d'orner leurs chapeaux d'inscriptions républicaines.

Il adressa, à son armée, le matin, l'ordre du jour suivant, pour déterminer ses soldats à se ranger de son côté.

ARMÉE DU NORD

AU QUARTIER GÉNÉRAL AUX BAINS DE SAINT-AMAND, LE 1er AVRIL 1793
L'AN 2e DE LA RÉPUBLIQUE FRANÇOISE

Mot d'ordre : *Amis, confiance.*
Ralliement : *France sauvée.*

Le général Dumouriez déclare à ses braves soldats, c'est-à-dire à ceux qui sont restés fidèles à leurs drapeaux et qui ont effectué une retraite honorable avec leurs généraux et leurs officiers, que, par suite d'un système désorganisateur qui a déjà affaibli et ruiné l'armée de la Belgique, on vient de faire arrêter le général d'Harville qui a si bien combattu à Jemmapes et à toutes les autres affaires, qui vient encore de vaincre les Autrichiens devant Namur; que pareil sort menace tous les autres généraux; qu'on ne parle à Paris que de les massacrer à l'instigation des scélérats qui désorganisent la France. Le général Dumouriez invoque le témoignage de toute l'armée pour lui et ses collègues. Si elle juge qu'ils sont hors d'état de la commander, ils se retireront après avoir donné des preuves que leur vie est entièrement dévouée à la patrie. Si l'armée leur donne l'assurance que sa confiance est entière en eux, comme il a paru jusqu'à présent, ils resteront à leur poste, malgré les furieux qui ne parlent jamais que d'assassinats et de poignards. Le général Dumouriez a déjà sauvé deux fois la France, à la tête de cette brave armée. Il a obtenu des victoires éclatantes ; il vient de la ramener sur la frontière par une retraite savante et en apaisant les peuples irrités par nos crimes. Son intention est de rendre encore de plus grands services à la patrie, à la tête de ses braves compagnons d'armes; mais il faut, pour cela, qu'ils fassent connaître franchement leurs opinions à la France entière.

Cette note sera lue deux fois aux troupes assemblées

L'adjudant-général,

TORRERI.

Le ministre Beurnonville et les quatre commissaires de la Convention arrivèrent le 1er avril, au soir, au quartier général de Dumouriez, installé dans le *Petit-Château*, près de l'établissement thermal de Saint-Amand.

Pendant toute la journée, de nombreux officiers d'état-major s'y étaient rendus.

« Celui qui parut le premier venait de Pont-à-Marcq où un poste de cavalerie avait été établi dans le but d'intercepter les communications entre Lille et Douai. C'était un capitaine de chasseurs à cheval qui venait rendre compte du passage du ministre de la guerre.

« Beurnonville avait dit qu'il serait dans l'après-midi à Saint-Amand.

« Dédaigneux comme d'habitude, bien que prévoyant

ce qui allait se passer, Dumouriez reçut cette nouvelle sans s'en montrer ému.

« S'adressant au général Valence qui se trouvait près de lui :

— « Je suis surpris, dit-il, que Beurnonville, à qui j'ai « rendu les plus grands services, se soit mis au service de « pareils coquins. »

« Il se montra plus sensible à d'autres nouvelles qui lui arrivèrent presque au même moment.

« *Leveneur*, qui commandait à Maulde, lui demandait, sous prétexte de santé, de le relever de son commandement.

« *Stetenhofen*, officier étranger qui servait dans nos rangs, lui annonçait son départ pour Paris...

« C'est alors que Dumouriez commença à songer à la violence.

« Le capitaine d'artillerie *Lecointre*, dont le père siégeait à la Convention, et *de Piles*, de l'état-major général, furent arrêtés comme fauteurs de désordres.

« Leur crime, en réalité, n'était que d'avoir tenu un langage patriotique.

« Ils furent livrés le même jour aux Autrichiens, en même temps que les cinq volontaires qui, dans la journée du 31 mars, s'étaient présentés au camp avec des inscriptions de « *Vive la République!* » sur leurs chapeaux.

« Dumouriez réservait le même sort aux Conventionnels, si ceux-ci voulaient bien venir se jeter entre ses mains. C'étaient des otages qui répondraient de sa tête, dans le cas où lui-même viendrait à tomber au pouvoir de ses ennemis.

« Une dernière communication lui fut faite vers quatre heures de l'après-midi. — Deux courriers, envoyés d'Orchies, par le général polonais *Miaczinski*, favorable aux projets de Dumouriez, lui annoncèrent qu'ils ne précédaient que de quelques instants le ministre de la guerre et donnèrent, sur l'attitude des populations et de l'armée, des détails qui n'étaient pas favorables.

« Interrogés par les généraux Valence et Thouvenot, ils ne balancèrent point à dire :

— « Le général Dumouriez est perdu sans ressources. « On vient le chercher pour le conduire à la barre de la « Convention, en vertu d'un décret ; mais il n'arrivera pas « jusqu'à Paris. On a disposé des assassins sur la route, « par bandes de vingt à trente, à Gournay, à Roye, à « Senlis, pour s'en défaire. »

« Les conventionnels arrivaient à Saint-Amand. Ce fut à l'hôtel du *Lion d'Or*, chez *Albert Duval*, un excellent patriote, que le cocher *Lengûet* s'arrêta un instant. La voiture repartit presque aussitôt, escortée par un officier d'artillerie et quelques hommes à cheval. Elle pénétra, vers cinq heures, dans la cour du Petit-Château. Cinq personnes descendirent : d'abord Beurnonville qui courut embrasser Dumouriez, puis Camus, poudré comme un ci-devant, et ses collègues Bancal, Lamarque et Quinette.

« Dans la cour, où un escadron de Berchiny[1] se trouvait en bataille, le colonel *Nordman* disait déjà en allemand à ses hussards :

— « Ils viennent pour l'arrêter, mais l'entrevue ne « sera pas longue ; la soirée ne se passera pas sans que « nous conduisions ces sans-culottes à Tournai. »

« Camus marcha droit à Dumouriez qu'il connaissait depuis longtemps et l'aborda, chapeau bas. D'un ton poli, mais ferme, il lui dit :

— « Je vous prie, général, de vous rendre dans votre « cabinet, pour entendre lecture du décret de la Con- « vention.

— « Mes actions ont toujours été publiques, répondit « Dumouriez, et il n'y a aucun inconvénient à ce que mes « camarades entendent ce qui a été décrété à Paris, dans « une assemblée de plus de sept cents personnes. »

« Tout l'état-major général de Dumouriez était présent. On y remarquait Thouvenot, Valence, le duc de Chartres, le duc de Montpensier, les demoiselles Fernig, etc...

« Beurnonville ayant insisté, les conventionnels furent introduits dans le cabinet de travail du général ; mais la

1. Les hussards de Berchiny étaient, pour la plupart, des Allemands au service de la France, des Alsaciens qui ne parlaient pas français.

Qu'on s'empare de ces quatre personnages... (P. 106).

porte dut rester ouverte et Valence entra avec les commissaires.

« Camus tendit alors, à Dumouriez, le décret de la Convention, en l'invitant à en prendre connaissance.

« Dumouriez, dont le visage indiquait une impassibilité dédaigneuse, parcourut le décret, puis le rendit à Camus.

— « Je ne me refuse pas d'obéir, dit-il, avec un léger « haussement d'épaules; mais je veux obéir à mon heure « et non à celle de mes ennemis. Du reste, ma démission « de général en chef est prête; la voulez-vous!

— « Et après, que ferez-vous?

— « Ce qu'il me plaira, répondit fièrement Dumouriez. « Et puis, tenez, je vous déclare que je n'obéirai pas à ce « décret. Je serais bien naïf de me rendre à Paris où la « frénésie jacobine s'efforcera de m'avilir et de me faire « condamner par le tribunal révolutionnaire.

— « Vous ne reconnaissez donc pas ce tribunal, re- « prit Camus.

— « Je le reconnais, répliqua Dumouriez d'une voix « irritée, pour un tribunal de sang et de crimes, et je le « regarde comme l'opprobre d'une nation libre! »

« La discussion était des plus vives. Les autres commissaires intervinrent. Ils conjurèrent Dumouriez d'obéir au décret de la Convention. Ils lui promirent sur leur tête que la Convention, satisfaite de voir son autorité reconnue, le renverrait aussitôt à son armée.

« Bancal lui rappela les beaux exemples d'obéissance donnés par les grands hommes de Rome.

— « Oh! citoyen Bancal, vous défigurez singulière-« ment l'histoire, s'écria le général avec vivacité. Du « reste, les situations ne sont pas les mêmes. Des tigres « veulent ma tête et je ne veux pas la leur donner. Ma « perte est résolue depuis longtemps; mais je me défen-« drai, soyez-en bien certains. »

« L'entretien continua encore longtemps sans apporter de solution. Enfin, Camus, impatienté, interpella le général :

— « Voulez-vous, s'écria-t-il, obéir au décret de la « Convention?

— « Non! »

« Les commissaires quittèrent le cabinet de travail du général et se retirèrent dans une autre pièce pour délibérer. Beurnonville resta avec Dumouriez.

« Le ministre de la guerre essaya vainement de déterminer le général à se soumettre à la Convention.

« Dumouriez tenta même de l'entraîner à sa suite, lui offrant le commandement de son avant-garde dans sa marche contre Paris et la Convention.

— « Je sais que je succomberai sous mes ennemis, ré-« pondit Beurnonville; mais je mourrai à mon poste, en « homme d'honneur. Vous êtes engagé si loin dans vos « projets que je ne vois pas, pour vous, la possibilité de

« reculer. Tout ce que je vous demande, au nom de notre « vieille amitié, c'est de me faire partager le sort des com« missaires de la Convention.

— « N'en doutez pas, répondit froidement Dumouriez ; « et, en agissant ainsi, je croirai vous servir et vous « sauver. »

« En attendant la décision des commissaires, Dumouriez et Beurnonville rentrèrent dans le cabinet de travail où l'état-major était toujours réuni.

« Après une heure de délibération secrète, les commissaires se rendirent près de Dumouriez.

« Camus, au nom de ses collègues, prit la parole.

— « Citoyen général, dit-il, voulez-vous obéir aux or« dres de la Convention et vous rendre à Paris!

— « Pas maintenant.

— « Eh bien! s'écria Camus, au nom de la Convention, « je vous déclare suspendu de toutes vos fonctions. Aux « termes du décret nous allons mettre les scellés sur vos « papiers. »

« Les officiers qui entouraient Dumouriez murmurèrent violemment et menacèrent les commissaires.

— « Vos noms à tous! leur cria l'intrépide Camus. « Quant à vous, général, vous désobéissez à la loi ; vous « êtes, je le répète, suspendu de vos fonctions. J'ordonne, « en conséquence, qu'on ne vous obéisse plus et qu'on « s'empare de votre personne.

— « Appelez les hussards! cria Dumouriez. »

« Les hussards de Berchiny arrivèrent aussitôt.

— « Qu'on s'empare de ces quatre personnages, dit « Dumouriez en allemand, et qu'on ne leur fasse pas de « mal.

— « Général Dumouriez, s'écria Camus indigné, vous « perdez la République. Je vous déclare traître à la patrie! « Que votre criminelle action retombe sur votre tête et « vous livre à jamais au mépris universel!

— « Et moi! s'écria Beurnonville, je t'ordonne de me « faire arrêter avec ces dignes et courageux députés.

— « Arrêtez aussi le ministre de la guerre et laissez-lui « ses armes, répondit sèchement Dumouriez. »

« Beurnonville se défendit cependant contre les hussards de Berchiny et reçut des coups de sabre sur la tête pendant la mêlée.

« Le soir même, les cinq prisonniers furent conduits à Tournai et livrés aux Autrichiens. »

Les demoiselles Fernig, nous l'avons vu, assistaient à l'arrestation. Théophile a consigné ses souvenirs sur la scène terrible qui se passa sous ses yeux et qu'elle raconte en ces termes :

« Sachant, lors de la retraite de Belgique, que le quartier-général devoit être transporté à Saint-Amand, nous demandâmes la permission de le devancer d'un jour, pour nous rendre à Bruai, près de nos deux sœurs, dans la maison que le département nous avoit donnée, en dédommagement de notre maison de Mortagne, brûlée par les Autrichiens. Le 2 avril[1], nous étions de retour, vers six heures du soir, aux bains de Saint-Amand. Nous ne doutâmes point, en voyant à cheval le régiment de Berchiny, qu'on eût cerné ou surpris nos troupes. Nous nous hâtâmes de nous rendre au quartier-général pour prendre des informations. On nous répondit que c'étoient des commissaires de la Convention et le ministre de la guerre. Nous nous rendîmes alors dans la salle où se trouvoient les commissaires, le ministre, le général Dumouriez, le général Valence et beaucoup d'autres officiers de l'état-major de l'armée, et quand nous fûmes entrées, le général Dumouriez dit au citoyen Camus :

« — Pouvez-vous douter du civisme des citoyennes « Fernig? »

« Camus ne répondit rien.

« Ne sachant de quoi il étoit question et, devant toutes les figures agitées, nous nous approchâmes du ministre Beurnonville, notre ancien général d'avant-garde, et lui demandâmes la signification de tout ce que nous voyions.

« — Nous sommes, nous répondit-il, dans un moment « bien critique. »

« Ces paroles nous surprenant autant que les visages consternés des spectateurs, nous nous appuyâmes contre

1. C'est par erreur que Théophile indique ici la date du 2 avril.

la cheminée, en attendant le dénouement de cette scène, qui finit par l'arrestation du ministre et des commissaires.

« L'assemblée étant devenue plus calme, on nous dit que les commissaires étoient venus pour arrêter le général Dumouriez et le traduire à la barre ; que d'ailleurs il ne leur seroit point fait de mal.

« Nous fûmes trompées et pouvions-nous ne pas l'être? Savions-nous ce que c'étoient qu'une faction, un Feuillant, un Girondin? Non, nous ne connaissions que la liberté pour laquelle nous avions tout sacrifié. Nous avions confiance dans le général. On nous disoit l'intérieur de la France désolé par des troubles affreux ; on nous peignoit Dumouriez comme son sauveur. Que pouvions-nous faire autre chose que de rester à notre poste. »

Le lendemain, 2 avril, Dumouriez envoya un émissaire à Mack pour le mettre au courant de ce qui venait de se passer. Il lança deux manifestes, l'un à l'armée, l'autre aux départements du Nord. Le premier était ainsi conçu :

« ARMÉE DU NORD

« AU QUARTIER-GÉNÉRAL DES BAINS DE SAINT-AMAND

« (Le 2 avril 1793, l'an 2e de la République française.)

« Mot d'ordre : *Camarades suivez-moi.*

« Ralliement : *Tout ira bien.*

« L'armée conservera sa position. Le général la prévient qu'il ira la voir aujourd'hui à trois heures.

« Pour laisser reposer ses braves troupes et pour mieux servir son pays, il est convenu d'une suspension d'armes avec les généraux de l'armée impériale ; mais comme les armées sont très voisines, il ordonne une surveillance exacte pour la police, il défend, sous peine de mort, de passer les limites du territoire françois. Les généraux de l'armée impériale ont proclamé chez eux la même défense et sous la même peine.

« L'adjudant aux adjudants-généraux,

« *Signé :* Brotière. »

Le général, à trois heures, visita son armée comme il l'avait annoncé. Il fut bien accueilli partout, sauf par quelques bataillons de volontaires.

Le général Miaczinski tenta un coup de main sur Lille avec les troupes demandées par les commissaires rappelés par la Convention. Mais ses desseins avaient été révélés au général Duval. Quand l'aventurier polonais se présenta à la *porte de Paris*, on l'engagea à pénétrer seul dans la ville. Miaczinsky se laissa naïvement entraîner et, une fois dans Lille, fut entouré et livré aux autorités militaires.

Les portes ayant été fermées derrière lui, sa division erra sur les glacis. Dumouriez, mis au courant de ces événements, envoya un colonel belge, *Philippe de Vaux*, avec ordre de ramener ces troupes sans chef à Orchies.

Philippe de Vaux fut arrêté aussi. Il fut guillotiné plus tard avec Miaczinski.

Le coup de main sur Lille ayant manqué, Dumouriez adressa à ses troupes une nouvelle proclamation.

« ARMÉE DU NORD

« AU QUARTIER-GÉNÉRAL DE SAINT-AMAND

« (Le 3 avril 1793.)

« Mot d'ordre : *Enfants, suivez-moi.*

« Ralliement : *Je réponds de tout.*

« Mes amis, mes braves frères d'armes, nous touchons à un moment attendu depuis bien longtemps par les vrais amis de la patrie : tous voyent avec bien de la douleur ce temps d'anarchie où les bons citoyens ont tout à craindre et où les brigands et les assassins font la loi. Depuis cinq ans, notre malheureux pays est devenu leur proie. Une représentation populaire, la Convention nationale, au lieu de s'occuper de vos besoins, de votre subsistance, de créer des loix qui vous assurent un asile paisible et tranquille, passe son temps à l'intrigue, à former et à combattre perpétuellement des factions; elle emploie les revenus publics à faire voyager des intrigants, des factieux sous le nom de commissaires : ils viennent près des armées, non pas pour les secourir, non pas pour diminuer l'étendue de leurs besoins, mais pour les désorganiser par des rapports calomnieux, et envoyer à l'échafaud, en empruntant

Nouvelle proclamation de Dumouriez (P. 110).

la forme des loix, vos braves frères d'armes, vos généraux que vous avez vus si souvent à votre tête braver les dangers de toute espèce. Il est temps de mettre fin à cette cruelle anarchie; il est temps de rendre à notre pays sa tranquillité : il est pressant de lui donner des loix. Les moyens sont dans mes mains. Si vous me secondez, si vous avez de la confiance en moi, je partagerai vos travaux et vos dangers. La postérité dira de vous : « Sans la brave « armée de Dumouriez la France seroit un désert aride ; « elle l'a conservée, elle l'a régénérée; soyons les dignes « fils de si glorieux pères ! »

« Je ferai demain connaître à mon armée, par un mémoire imprimé, ma conduite envers ma patrie, celle de la Convention nationale; et l'armée pourra juger entre elle et moi, qui de nous a plus à cœur le salut de son pays.

« L'état-major du général d'armée est à Saint-Amand.

« L'adjudant-général,

« Torreri. »

Cette proclamation lancée, Dumouriez fit une courte visite au camp de Maulde, où quelques régiments parurent approuver le parti qu'il avait pris.

Il vint ensuite déjeuner à Saint-Amand, où était le corps d'artillerie. Quelques officiers donnèrent des marques d'approbation; mais le lieutenant-colonel *Boubers* déclina l'invitation qui lui avait été faite.

Une manifestation provoquée par les Thouvenot vint, pendant le déjeuner, donner quelque espoir aux partisans de la monarchie constitutionnelle. Deux officiers supérieurs et vingt-six sous-officiers et volontaires présentèrent à Dumouriez l'adresse ci-dessous :

« Les méchants qui vous persécutent sont vos ennemis, sans doute, et ce sont vos vertus qui vous les attirent ; mais ils sont encore bien plus les nôtres, et nous les détestons sans les craindre.

« Général, sauvez l'armée, sauvez encore votre patrie. C'est au nom de cette mère commune que nous vous en conjurons. La victoire a marché à votre voix, elle vous suivra partout : notre obéissance et notre confiance vous en sont de sûrs garants. »

La proclamation de Dumouriez ne produisit pas l'effet qu'il en attendait. Un revirement sensible se manifesta contre lui, même parmi les troupes du camp de Maulde qui lui avaient été jusqu'alors si dévouées.

Les soldats qui l'avaient plaint tant qu'ils l'avaient vu calomnié, entravé dans ses opérations militaires par le gouvernement, ne comprenaient plus rien à sa conduite. Des esprits plus sensés leur firent voir clairement la voie dans laquelle le général les engageait et alors ils aperçurent le danger et ne voulurent plus le suivre. Dès ce moment, Dumouriez commença à perdre de son prestige à leurs yeux ; c'était un traître à qui on ne devait que la haine et l'abandon. L'artillerie donna l'impulsion que les autres armes ne devaient pas tarder à suivre.

Dumouriez savait alors que *Dampierre* et plusieurs généraux de division l'abandonnaient pour obéir aux ordres de la Convention.

Il donna l'ordre d'arrêter l'adjudant-général *Chérin* qui figurait parmi les plus énergiques dans leur opposition. L'ordre ne fut pas exécuté.

Le général *Rosières* éloigna son quartier-général après avoir eu connaissance de l'arrestation des commissaires de la Convention. Il adressa à ses troupes un ordre qui se terminait ainsi :

« Je rappelle, à tous, le serment que les Français ont solennellement prêté de maintenir la République, la liberté et l'égalité ; j'espère qu'ils y resteront religieusement fidèles. »

Les députés de la Convention présents à Douai faisaient afficher la proclamation suivante :

PROCLAMATION DES COMMISSAIRES DE LA CONVENTION NATIONALE.

« Au nom de la République française,

Nous, Commissaires de la Convention nationale, déclarons le ci-devant Général *Dumouriez* infâme et traître à la Patrie.

Défendons à tous Officiers-généraux et Commandants de Place, à tout Officier, Soldat ou autre Agent militaire quelconque, à tous Commissaires des guerres, Payeurs et Pourvoyeurs des troupes, de le reconnaître et de lui obéir.

Ordonnons à tous les Généraux de division, de rallier les troupes de la République qui sont à leurs ordres, et de se retirer sous le canon des places fortes les plus exposées avec les Vivres, l'Artillerie, les Munitions et Bagages de l'armée et de s'y maintenir jusqu'à la mort contre les forces ennemies et celles que pourrait commander *Dumouriez*.

Invitons tous les soldats restés fidèles à la Patrie, de courir sus et de nous livrer ledit *Dumouriez* mort ou vif, ainsi que tous ses complices et adhérens connus.

Soldats de la République, vengez la Nation, vengez votre honneur ; tant que cet homme eut des succès, vous étiez d'excellens soldats ; depuis qu'il a essuyé des revers il vous traite de lâches et de brigands à la face de l'Europe entière.

Mais ses victoires ne prouvent que votre courage, et ses défaites, son ignorance non moins profonde que sa perfidie. Il a semé, parmi vous, la division ; il a vendu à nos ennemis communs votre Liberté et celle de son Pays ; il a volé les trésors qui étaient prodigués par la Convention pour que rien ne vous manquât, et il a eu la scélératesse d'attribuer à vos Représentans ses propres infamies. Méritez, Citoyens, la reconnaissance de la République, en la délivrant du Monstre le plus odieux qui ait jamais désolé la terre.

A Douai, le 3 avril 1793, l'an IIe de la République.

Signé : L. Carnot et Lesage-Senault.

La veille, les mêmes commissaires de la Convention avaient adressé, aux Conseils généraux des départements du Nord et du Pas-de-Calais, une énergique réquisition, prescrivant les mesures à prendre pour conjurer les conséquences de la trahison de Dumouriez.

RÉQUISITION DES COMMISSAIRES DE LA CONVENTION NATIONALE ADRESSÉE AUX CONSEILS GÉNÉRAUX DES DÉPARTEMENTS DU NORD ET DU PAS-DE-CALAIS

Citoyens administrateurs,

Le traître Dumouriez vient enfin de jetter son masque hipocrite et il a mis le comble à ses forfaits. Jamais Lafayette ne porta si loin l'audace et la félonie. Déjà, il ne dissimule plus qu'il a levé l'étendart de la Révolte, il a porté ses attentats jusqu'à faire arrêter des représentants du peuple et il annonce qu'il va marcher sur Paris et rétablir la royauté. Frémissés citoyens, en lisant la lettre suivante qu'il vient d'adresser aux administrateurs du département du Nord.

« La tyrannie, les assassinats et les crimes sont à leur comble à Paris, l'anarchie nous dévore et, sous le nom sacré de liberté, nous sommes tombés dans le plus vil esclavage. Plus les dangers sont grands, plus la Convention nationale met de cruauté, de tyrannie et d'aveuglement; les vérités que je lui ai dites, dans ma lettre du 12 mars, ont poussé les Marat et les Robespierre à dévouer ma tête à leur vengeance, elle a envoyé pour m'arrêter ou plutôt pour se défaire de moi, quatre commissaires, et le Ministre de la guerre Beurnonville, dont j'avais fait la fortune militaire, les a accompagnés ; depuis plusieurs jours, l'armée frémissait de tout ce qui se tramoit contre son général et si je n'avois pas retenu son indignation, ils auroient été victimes de l'injustice de leur commettans. Je les ai fait arrêter et je les ai envoyés en lieu sûr pour me servir d'otages en cas qu'on prétende commettre de nouveaux crimes. Je ne tarderoi pas à marcher sur Paris pour faire cesser la sanglante anarchie qui y règne. J'ai trop bien deffendu la liberté jusqu'à présent pour qu'on puisse imaginer que je change d'opinion. Nous avons juré en 1789, 1790 et 1791, une constitution qui nous assujettisoit à des loix et nous donnoit un gouvernement stable ; ce n'est que depuis que nous l'avons rejettée que nos crimes et nos malheurs ont commencé ; en la reprenant, je suis sûr de faire cesser la guerre civile et la guerre étrangère et de rendre à la France le repos, la paix et le bonheur qu'elle a perdus en prennant la licence et l'infraction de toutes les loix pour la liberté.

« Je connois la sagesse du département où je suis né, j'ai déjà été une fois son libérateur, j'espère être bientôt celui de la France entierre et je vous jure sur tout ce qu'il y a de plus sacré, comme un homme vertueux qui aime la gloire, que, loin d'aspirer à la dictature, je m'engage à quitter toutes fonctions publiques aussitôt après que j'auroi sauvé ma patrie. » Etoit signé, « le général en chef de l'armée du Nord, Dumouriez. »

Voilà, citoyens, le monstre qui avoit captivé notre confiance, voilà l'homme exécrable auquel on croyoit des vertus ; hâtons-nous de prendre des mesures efficaces, réunissons nos efforts et la patrie sera sauvée.

Nous vous requérons, citoyens, de vous saisir provisoirement, dans vos arrondissements respectifs, de toute l'étendue d'autorité qui vous paroîtra nécessaire dans ce moment de crise pour mettre la frontière sur le pied le plus respectable de deffense et pour déjouer tous les complots qui peuvent se tramer au-dedans. Levés des troupes et envoyés-les en garnison dans les villes de guerre, surtout dans celles de première ligne.

. . . .

Annoncés que quiconque livrera Dumouriez mort ou vif aura bien mérité de la patrie ; ralliés tous les citoyens au seul centre d'autorité qui puisse exister, la Convention nationale.

Nous attendons de vous, citoyens, de nouvelles preuves

de la prudence et du courage qui n'ont cessé de vous animer.

A Douai, le deux avril mil sept cent quatre-vingt-treize, l'an IIe de la République.

Les Commissaires de la Convention Nationale,

Signé : L. CARNOT ; LESAGE-SENAULT. (1)

La Convention, à son tour, prit les mesures nécessaires pour parer au danger; elle rendit le décret suivant :

« La Convention nationale ordonne que le conseil provisoire nommera sur-le-champ un Général pour remplacer Dumouriez.

« Déclare à la nation Françoise que Dumouriez est traître à la Patrie, qu'il a juré la perte de la liberté et le rétablissement du despotisme.

« Fait défense à tout général, à tout commandant de places, à tout soldat de la République, à toutes les autorités constituées en France, de reconnoître Dumouriez pour général, d'obéir à aucun ordre de lui et à aucune réquisition.

« Décrète que tout François qui reconnoîtra Dumouriez pour général, sera regardé comme traître à la Patrie et puni de mort, et que ses biens seront confisqués au profit de la République.

« Décrète que Dumouriez est mis hors de la loi : autorise tout citoyen à courir sus, et assure une récompense

(1) Signatures autographes.

de trois cent mille livres et des couronnes civiques à ceux qui s'en saisiront et l'amèneront à Paris mort ou vif, ou à leurs héritiers, et que les trois cent mille livres seront tenues à la disposition du conseil exécutif provisoire par la trésorie nationale.

« La Convention nationale met sous la sauvegarde de l'honneur et de la loyauté des soldats François qui sont dans l'armée qui étoit commandée par Dumouriez, les quatre commissaires par elle envoyés, et que Dumouriez tient en arrestation, et le Ministre de la guerre.

« Ordonne que le présent décret sera envoyé par des courriers extraordinaires dans tous les départements, aux corps administratifs, aux généraux et aux commandans de place, et qu'il sera de suite proclamé dans les villes et à la tête des corps des armées. »

Le duel entre Dumouriez et la Convention était engagé à fond; nous verrons, au chapitre suivant, quel en fut le dénouement.

FUITE DE DUMOURIEZ

Dumouriez s'était engagé à livrer aux Autrichiens quelques places fortes frontières. Il tenait particulièrement à remettre Condé et Valenciennes à l'ennemi.

Le général Neuilly commandait à Condé et le général Ferrand à Valenciennes. Un régiment favorable à Dumouriez tenta de pénétrer dans Valenciennes; l'entrée de la ville lui fut refusée et il s'établit sur les glacis.

Trois conventionnels se trouvaient à Valenciennes; *Lequinio*, *Cochon* et *Debellegarde*. Dumouriez donna l'ordre au général Ferrand de les arrêter. Celui-ci consulta la municipalité sur ce qu'il devait faire. L'avis de cette dernière fut qu'il n'y avait pas lieu d'exécuter les ordres de Dumouriez.

Le 4 avril, le général Ferrand se déclara nettement contre Dumouriez et fit afficher un ordre qui se terminait par ces mots :

« Mes sentiments sont ceux d'un homme qui a blanchi dans les travaux guerriers, qui a répandu son sang plusieurs fois pour la Patrie, et qui se propose encore de verser ce qui lui reste pour le salut public et pour la défense de la Liberté, pour le maintien de la République. J'abhore tous les traîtres à leur Patrie, je ne reconnois pour autorité suprême légitimement représentative du peuple François que la Convention nationale, et je défends à tous mes subordonnés d'obéir au ci-devant Dumouriez, suspendu de toutes ses fonctions par les commissaires de la Convention nationale, et en vertu de l'ordre que j'ai reçu d'eux.

« A Valenciennes, le 4 avril de l'an IIe de la République.

« Le Général de Brigade,

« FERRAND. »

Les commissaires, à leur tour, lancèrent une longue proclamation contre Dumouriez dont ils mettaient la trahison en pleine évidence.

« Dumouriez comme Lafayette, disaient-ils, va, pendant qu'il trompe encore ses soldats, passer dans le camp de l'ennemi. Il avait tout disposé pour s'emparer, cette nuit même, de Valenciennes, et fixer dans cette place forte le trône de sa puissance. Notre surveillance l'a déjoué, d'accord avec les corps Administratifs et Municipaux de cette ville et le brave Général Ferrand, nous avons fait manquer le complot : Valenciennes et la France sont encore sauvées de la Tyrannie d'un traître. Citoyens, la Patrie est tout, un homme n'est rien : quelque recommandable qu'il se soit montré, dès qu'il trahit la chose publique, il ne mérite plus que la vengeance Nationale et la haine de tous les Citoyens. Vous avez tout fait pour anéantir le Despotisme et la Tyrannie : voudriez-vous les voir renaître et vous forger de nouveaux fers ? Vous vous êtes donnés des Représentants ; ils ne sont rien en eux-mêmes, ils ne sont rien que par vous et rien que pour vous ; celui qui attente à la Représentation Nationale, attente à votre propre liberté. Dumouriez livre à l'Ennemi quatre de vos Représentants et son chef immédiat, le Ministre de la guerre, auquel il devoit toute obéissance. Abhorés le traître Dumouriez, ralliés-vous à la Convention : chacun de ses membres en particulier n'est rien ; mais réunis, ils vous représentent, et ne peuvent ni vouloir, ni faire que votre bonheur. Dépouillés-vous de toute idôlatrie, périssent tous les tyrans, vive la République ! »

Dans une seconde proclamation, ils ajoutaient : « Nous avons enjoint à tous ceux qui en auront le pouvoir de se saisir de la personne de Dumouriez et de le faire conduire *mort* ou *vif*, sous bonne et sûre escorte, à la Barre de la Convention Nationale...

« Citoyens, la Patrie sera sauvée malgré les monstres qui la trahissent, mais tâchons de punir les traîtres. »

Les commissaires proposèrent au général Dampierre le commandement en chef de l'armée du Nord.

Dans une proclamation, il disait :

« Nous aurions arrosé de notre sang les champs de carnage, à Jemmapes et à Nerwinden, pour devenir les esclaves des Autrichiens ? Non, périr mille fois plutôt que de trahir la Patrie...

« Les traîtres passeront ; mais la Liberté restera tout entière et la Patrie sera sauvée. Les esclaves peuvent s'attacher au char d'un homme, mais les hommes Libres se rallient toujours à l'intérêt de la Patrie.

« Il est tems que nous déployions un caractère vraiment républicain. Il n'y a plus à balancer entre la honte et l'honneur : la honte est de trahir ses sermens ; l'honneur est de défendre le poste qui nous est confié par la Patrie.

« Je jure de conduire toujours mes frères d'armes dans le chemin de l'honneur, de ne jamais vous abandonner. »

« Le Général en chef de l'armée du Centre,

« *Signé* : DAMPIERRE. »

L'attitude énergique de la municipalité de Valenciennes, des représentants, des généraux avait conjuré tout danger.

Le 4 avril, Dumouriez devait se rendre à un rendez-vous convenu, près de Condé, entre Mack, le prince de Cobourg et l'archiduc Charles. Dans cette rencontre, on devait régler les mouvements des deux armées et la direction des secours des troupes impériales.

« C'était sur Condé qu'elles devaient se porter. Les rapports qui arrivaient de cette place sur l'état d'esprit des troupes, variaient à chaque instant. Dumouriez voulait y entrer le lendemain pour arranger le mouvement des Autrichiens, dont il n'avouerait le concours que quand il aurait commencé sa marche sur Paris. »

Avant de partir, il adressa, à ses troupes, l'ordre du jour suivant, le dernier qu'il écrivit :

ARMÉE DU NORD

AU QUARTIER GÉNÉRAL DE SAINT-AMAND

(Le 4 avril 1793)

Mot d'ordre : *Amis, confiance entière.*

Ralliement : *Tout va bien.*

Le général prévient la partie de ses braves soldats qu'il n'a pas vue hier que des affaires indispensables l'ont obligé d'aller à Condé; il revient ce soir. Il adresse, avec cet ordre, l'exposé de sa conduite et de ses intentions qu'il a promis hier à l'armée.

Il ne tentera point de leur donner aucune impulsion étrangère à leur volonté, il est persuadé que la force et la vérité de ses raisonnements et la pureté de ses intentions suffiront pour leur faire prendre et suivre avec courage le seul parti qui nous reste pour sauver notre pays.

Les officiers généraux et supérieurs des corps voudront bien donner beaucoup de publicité à cet ordre du jour et à l'imprimé qu'il y joint.

Le général de brigade,
chef de l'état-major de l'armée du Nord,
THOUVENOT.

« Dumouriez quitta l'hôtel du Lion d'Or avec huit hussards, un assez grand nombre d'officiers généraux, parmi lesquels les frères Thouvenot, Montjoie, le duc de Chartres, les deux demoiselles Fernig, des officiers d'ordonnance et quelques domestiques, ce qui formait à peu près un groupe de trente chevaux. Une escorte de cinquante hussards, demandée à Fontaine-Bouillon, se fit longtemps attendre.

« Comme le temps s'écoulait et que l'heure du rendez-vous avec Mack le pressait, il laissa un de ses aides de camp pour indiquer à cette escorte la route qu'il avait suivie.

« Il prit ainsi le chemin de Condé, s'entretenant parfois

Dumouriez gagna les prairies... (P. 133).

avec le plus jeune des Thouvenot et son neveu le baron de Schomberg. L'idée de son crime l'écrasait sans doute déjà, car il était sombre et sa voix était altérée.

« Arrivé à Odomez, il vit venir un officier d'ordonnance de Neuilly (commandant de Condé) qui lui dit que la garnison était en grande fermentation, qu'il ne serait peut-être pas prudent d'y entrer et qu'il fallait attendre que ce mouvement se décidât pour ou contre. Se trouvant trop près pour reculer, il renvoya cet officier avec ordre au général Neuilly de faire sortir le 18e régiment de cavalerie pour venir à sa rencontre.

« Plusieurs bataillons de volontaires, partis du camp de Bruille, se montrèrent sur la route. Étonné de cette marche qu'il n'avait point ordonnée, Dumouriez demanda à des officiers de ces bataillons où ils allaient. Ceux-ci répondirent qu'ils se rendaient à Valenciennes.

« C'était en ce moment qu'était arrivé le message du général Neuilly. Combinant ensemble le rapport qu'il venait de recevoir et la marche irrégulière de ces trois bataillons, le conspirateur descendit de cheval et entra dans la première maison d'Odomez, tout près du vieux château qui existe encore aujourd'hui. Il s'assit dans l'une des salles de l'estaminet du sieur Durieux et donna l'ordre, par écrit, aux trois bataillons de volontaires de retourner au camp de Bruille, d'où ils étaient partis.

« Dans ce moment, la tête de cette colonne, qui avait

déjà dépassé les premières maisons, rebroussa chemin et se porta à toutes jambes, avec des cris tumultueux, sur l'estaminet où se trouvait le général. Alors celui-ci remonta à cheval avec son escorte et s'éloigna au petit trot. Il revint un peu en arrière et gagna les prairies qui se trouvent à gauche de la route, au delà du mur du parc du château.

« Un obstacle se montra à quelques centaines de mètres; il fallait franchir la Seuw, cours d'eau assez encaissé, qui va se jeter dans l'Escaut. Son cheval refusa de passer. Forcé de mettre pied à terre, après avoir cherché inutilement un passage plus facile, le général resta pendant un moment dans une situation dont les difficultés s'augmentaient à chaque minute.

« Les volontaires le poursuivaient en effet, et les cris : « Arrête! arrête! », des injures, se faisaient entendre du côté de la route. La fusillade partait des bataillons qui se rapprochaient de plus en plus. Dumouriez se jeta dans la Seuw qu'il traversa, ayant de l'eau jusqu'aux épaules.

« Le colonel Thouvenot eut deux chevaux tués sous lui et sauva en croupe le domestique de Dumouriez, Baptiste Renard. Deux hussards trouvèrent la mort sur le bord du fossé, ainsi que plusieurs domestiques dont un portait la redingote du général. Cantin, le secrétaire, fut pris et conduit à Valenciennes.

« Un instant encore et Dumouriez allait être arrêté. Le

baron de Schomberg, son neveu, ayant mis pied à terre, voulut, en se sacrifiant, donner sa monture. Il s'y refusa et monta enfin le cheval d'un domestique du duc de Chartres qui, étant très leste, put se sauver à travers les prairies.

« Les fugitifs ne pouvant songer à rejoindre le camp de Bruille, longèrent l'Escaut et arrivèrent, toujours poursuivis d'assez près, au bac de la *Boucaulde*, en avant du village de Wiers, pays impérial.

« Heureusement pour eux, la passeuse, *Bernardine Dehourt*, femme de Gaspard Mixte, était à son poste. Dumouriez passa, lui sixième, avec les officiers généraux, les deux sœurs Fernig et le duc de Chartres. Les autres purent se retirer au camp de Maulde, au travers des coups de fusil.

« L'Escaut franchi, les conspirateurs gagnèrent à pied, sous la conduite d'un guide, un petit château de la commune de Bury.

« Ils s'y arrêtèrent pour prendre un peu de nourriture et Dumouriez écrivit immédiatement à Mack pour lui faire part de la mauvaise tournure des événements.

« Informé vers le soir, le général autrichien se rendit immédiatement à Bury où l'ancien chef de l'armée du Nord se montra plus disposé que jamais à donner suite à ses projets. Comptant toujours sur sa popularité et rempli de cette idée que l'affaire d'Odomez avait dû exciter l'indignation des troupes du camp de Maulde, Dumouriez résolut de rentrer en France dès le lendemain matin.

« Son domestique, le fidèle Baptiste, qui l'avait rejoint en faisant le tour de Mortagne, lui avait raconté que les volontaires de l'Yonne, après avoir tiré sur lui, avaient été pourchassés jusque dans Valenciennes et que les incidents de la journée n'avaient servi qu'à fortifier les sentiments de l'armée envers son chef.

« Quoique, à son insu, il fût déjà remplacé, Dumouriez, le lendemain, après avoir convenu avec Mack des dispositions à prendre pour introduire une garnison autrichienne à Condé, partit de Bury et arriva aux avant-postes de Mortagne, escorté de cinquante dragons impériaux. On le laissa passer avec les officiers de sa suite, mais les soldats de Mack durent se tenir en dehors de la frontière.

« Arrivé à Maulde, il alla d'un régiment à l'autre, provoquant encore quelques applaudissements. Il avait tellement séduit le cœur du soldat par son courage, par ses propos, par ses écrits, qu'il retenait encore les uns par la crainte, les autres par cette espèce d'affection idolâtre qui semble être le partage du plus grand nombre des hommes en faveur de celui qui a une fois capté leur estime. Il eut beau faire, les incidents de la veille avaient produit une impression contraire à celle qu'il attendait. Les troupes avaient vu le vainqueur de Jemmapes protégé par les dragons autrichiens et ne comprenaient qu'une chose, c'est que Dumouriez avait passé à l'ennemi. Sa querelle avec l'Assemblée nationale ne les regardait pas.

« Après avoir donné des ordres pour mettre l'armée en mouvement sur Orchies, il prit un chemin de traverse conduisant à Saint-Amand.

« Comme il approchait de la ville, après avoir traversé le hameau du Gorbeau, un aide de camp vint lui annoncer que le corps d'artillerie venait de se prononcer contre lui et que les soldats, secondés par la plupart des officiers, attelaient leurs pièces pour les faire rentrer à Valenciennes.

« Ayant alors avec lui deux escadrons de Berchiny, un des hussards de Saxe et un autre de Bourbon, il eut d'abord l'idée de se porter sur Saint-Amand avec cette cavalerie; mais on lui représenta les dangers et l'inutilité de l'opération, n'ayant pas d'infanterie et sa troupe pouvant être foudroyée par l'artillerie. Il se rendit à ce raisonnement et se retira à Rumegies.

« L'armée commençait à se débander. Des régiments entiers partaient, les uns vers Douai, les autres pour Lille. Au camp de Bruille, le 56e régiment ainsi que plusieurs bataillons de volontaires, mettaient bas les tentes et partaient pour Valenciennes. Le 58e, qui était à Saint-Amand, en faisait autant.

« Le trésor, deux millions en numéraire, fut pris et repris trois fois et resta enfin aux mains des troupes fidèles, qui réussirent à le faire entrer à Valenciennes vers trois heures de l'après-midi.

« Il ne restait plus à Dumouriez que de s'occuper de sa propre conservation. Il partit de Rumegies le 5, au soir, et se dirigea vers Tournai avec Valence, Égalité fils (duc de Chartres), les deux Thouvenot, le commissaire-ordonnateur Soliva, le colonel Montjoie et le lieutenant-colonel Barrois. Le régiment de Berchiny tout entier, cinquante cuirassiers et un escadron de hussards de Saxe, en tout huit cents hommes, passèrent en même temps que lui à l'ennemi[1]. »

*
* *

Les demoiselles Fernig avaient suivi Dumouriez dans toutes ses marches et contremarches qui suivirent l'arrestation des commissaires de la Convention. Théophile a indiqué, dans ses mémoires, le mobile qui les avait guidées. « Sans expérience des manœuvres politiques », pleines de déférence pour le général qui ne les appelait que ses enfants, et qui n'avait manqué aucune occasion de mettre en relief leur courage, elles étaient revenues, le 5, à Rumegies et ne comprirent qu'après avoir accompagné Dumouriez le soir, à Tournay, le piège dans lequel elles étaient tombées.

1. Pelé, *Saint-Amand.*

Elles lui remirent alors leur démission et se rendirent à Mortagne. Mais là, mal vues par certains de leurs compatriotes, qui les croyaient complices de la trahison de leur chef, elles ne restèrent pas longtemps, et, Félicité étant tombée malade, elles profitèrent de sa convalescence pour se rendre à Bruxelles dans une famille amie.

« Alors commença, pour les deux sœurs, une vie d'exil où leur conduite fut admirable[1]. »

* * *

L'attachement des deux demoiselles Fernig pour le général Dumouriez les avait conduites à le suivre partout sans chercher à pénétrer ses desseins; c'est ce qui peut seul expliquer leur conduite après l'arrestation des commissaires de la Convention.

Dumouriez avait une estime particulière pour toute la famille Fernig. Nous en avons la preuve dans le billet suivant qu'il adressa au frère des deux guerrières :

« Au camp de Maulde, le 12 aoust (1792).

« Vous avez, mon cher Fernig, deux héroïnes pour sœurs, et elles sont aussi douces, aussi modestes, aussi sages qu'extraordinaires. Je serai leur père parce qu'elles le méritent; je serai le vôtre parce que vous le méritez.

1. Finot, la *Défense nationale dans le nord*, 1792-1802.

Je vous rapprocherai de moi dès que je le pourrai. En attendant, donnez-vous tout entier à votre métier, à la tactique et à la géométrie.

« Le lieutenant-général commandant,

« DUMOURIEZ. »

EXIL DES DEMOISELLES FERNIG.
LEUR RETOUR EN FRANCE.

Les deux demoiselles Fernig vécurent à Bruxelles, dans une maison amie, conservant le plus strict incognito. Si, en France, elles étaient proscrites, elles n'avaient pas à compter, en Belgique, sur la bienveillance des Autrichiens redevenus possesseurs de ce pays à la suite de la trahison de Dumouriez.

Malgré une extrême prudence dans leur vie extérieure, elles furent découvertes et dénoncées au gouvernement autrichien comme *patriotes dangereux*.

Elles furent arrêtées dans la nuit du 5 mai 1794 et conduites, par six soldats, à une prison dite *Treurenberg*.

Jourdan remporta, en 1794, la victoire de *Fleurus* qui replaça la Belgique sous notre domination. Le désarroi que la défaite produisit chez les Autrichiens fut l'occasion de la délivrance des demoiselles Fernig. Elles furent extraites de leur prison et conduites jusqu'aux frontières de Liège avec expresse défense de reparaître jamais dans les territoires de l'Autriche.

Toutes à la joie de jouir de la liberté, elles se mirent en chemin pour regagner la France. Après avoir traversé la Belgique, elles gagnèrent Mortagne où elles trouvèrent toute leur famille.

Leur tranquillité ne fut pas de longue durée. A l'approche des troupes républicaines, elles durent quitter la France.

Elles avaient été condamnées à mort comme émigrées, et la Terreur était en ce moment si violente qu'elles auraient difficilement échappé à la guillotine de Robespierre.

Elles quittèrent Mortagne le 5 juillet 1794.

Forcées de s'expatrier, les demoiselles Fernig se réfugièrent en Hollande. Elles quittèrent ce pays pour se fixer en Westphalie où elles restèrent sept mois avec leur père qui donnait des leçons de français.

Le duc de Chartres leur envoya des lettres de recommandation pour son ancienne gouvernante, *Mme de Sillery-Genlis*, qui s'était retirée à *Altona,* en Danemark.

Elles furent accueillies avec la plus grande bienveillance. Le général Valence, le second de Dumouriez, gendre de Mme de Genlis, fuyant la terre de France, était venu se réfugier aussi à Altona.

Il prit pour secrétaire Théophile Fernig, afin d'augmenter, d'une manière aussi honorable que délicate, les ressources de la famille exilée.

Thermidor avait renversé Robespierre et son système sanglant de gouvernement. La famille Fernig crut que le moment serait favorable pour solliciter du gouvernement français l'autorisation de retourner à Mortagne. Elle envoya à la Convention un mémoire justificatif apostillé par les agents de la République française en Danemark, par le consul français de Hambourg, par les conventionnels Ramel et Thibaut, alors en mission en Hollande, enfin par Barthélémy, ministre de la République en Suisse. Ce mémoire n'obtint aucune réponse.

La famille Fernig vivait dans une fiévreuse attente lorsqu'un événement aussi heureux qu'inattendu vint lui procurer une grande joie. Nous avons vu que le 13 novembre 1792, au combat d'Anderlecht, Félicité avait dégagé et sauvé un jeune officier belge de notre armée qu'entourait un parti de uhlans autrichiens. Ce jeune officier, nommé *Vanderwallen*, avait été transporté à l'ambulance par les soins de Félicité qui, avant de s'éloigner, avait été s'informer de l'état du jeune homme. Sa visite s'était produite au moment où le jeune officier, évanoui, avait repris ses sens.

Il avait reconnu son sauveur.

Transporté dans un hôpital de Bruxelles, il s'y était guéri. Il apprit que son sauveur était une jeune fille et s'acharna à la retrouver. L'exil des Fernig ne lui rendit pas la tâche facile.

Il quitta le service pour se consacrer tout entier à ses recherches, l'imagination excitée par le souvenir de la jeune fille qu'il n'avait vue qu'un instant.

Les obstacles, loin de le rebuter, ne faisaient que redoubler son ardeur. Après de longs et stériles efforts, Vanderwallen parvint à découvrir la retraite de Félicité. Il se rendit à Altona, se présenta, et fit connaître ses sentiments.

Félicité, qui n'avait pas oublié la scène de l'ambulance, agréa l'offre que Vanderwallen lui faisait d'unir leurs destinées. Leur mariage fut décidé.

Des obstacles en retardèrent l'accomplissement. La famille de Vanderwallen y mettait opposition. Félicité était de quatre ans plus âgée que son fiancé et, de plus, émigrée. Aucune sécurité n'eût été possible, pour le moment du moins, ni en France ni en Belgique.

La famille Fernig quitta Altona le 5 octobre 1795; elle arriva en Hollande quelques jours après.

Elle fit séjour, dans ce pays, jusqu'au 8 juin 1798.

A cette époque, Félicité et Théophile se rendirent à Paris pour y solliciter la restitution de leurs biens confisqués.

Beurnonville venait d'être mis en liberté par les Autrichiens. Nul mieux que lui ne connaissait les demoiselles

Fernig. Il savait à quoi s'en tenir sur leurs relations avec Dumouriez, qu'elles n'avaient suivi que par reconnaissance, sans aucune visée politique. Il appuya chaudement leur demande.

Merlin de Douai qui avait été en relations étroites avec Dumouriez quand il était commandant au camp de Maulde avait conservé une haine tenace contre tous ceux qui, de près ou de loin, avaient eu des accointances avec le général traître, presque son compatriote, qu'il abhorrait doublement en sa qualité de républicain sincère et d'homme originaire du Nord, blessé dans ses sentiments de patriotisme local.

Il avait donc conservé de vives préventions contre les demoiselles Fernig, considérées comme les complices de Dumouriez. Il s'opposa énergiquement à leur requête et sa décision pesa d'un grand poids sur celle du Directoire qui offrit aux demoiselles Fernig une compensation territoriale aux colonies. Elles refusèrent.

Forcées de quitter Paris, elles reprirent la route du Nord.

Vanderwallen ne s'était pas laissé décourager par l'opposition de sa famille à son mariage avec Félicité. A force d'instances, il finit par obtenir gain de cause auprès des siens.

Cette nouvelle adoucit l'amertume de l'insuccès des démarches que les Fernig venaient de faire à Paris. Félicité voulut que son mariage eut lieu à Mortagne, berceau de la gloire militaire des deux sœurs, au milieu de ses compatriotes témoins de leurs premiers exploits militaires. Vanderwallen vint donc rejoindre les Fernig à Mortagne.

« Le projet d'acte de mariage dressé le 18 août 1798, Théophile s'aperçut qu'elle n'y jouait aucun rôle. Elle réclama. Comme une autre Jeanne d'Arc, elle dit sans doute qu'ayant jadis été avec sa sœur à la peine, elle devait être quelque chose à l'honneur et au bonheur. »

L'officier municipal accueillit sa requête, et, finalement, l'acte fut ainsi rédigé :

« L'an 6e de la République Française, le premier de fructidor, se sont rendus en la maison commune de Mortagne, *François-Joseph-Herman* VANDERWALLEN, âgé de vingt-quatre ans et expert-juré des biens nationaux près le département de la Dile, fils de Jean et de Catherine-Lucie-Henriette, son épouse; d'autre part, *Félicité-Louise* FERNIG, âgée de vingt-huit ans, fille de Louis Fernig, marchand, et défunte Adrienne Basse; laquelle Félicité-Louise Fernig est domiciliée à Mortagne; d'autre part, les dits François-Joseph-Herman Vanderwallen et Félicité-Louise Fernig étoient accompagnés de Louis Spelle, âgé de trente-deux ans, et de Nicolas Dewez, huissier, âgé de trente-sept ans, et de Pierre-François Wuibaux, meunier, âgé de trente-neuf ans, et Michel Barbieux, âgé de quarante-neuf ans, lesquels témoins sont tous domiciliés à

Mortagne et ont déclaré n'être parents ni alliés des dits François-Joseph Herman Vanderwallen et de Félicité-Louise Fernig, les futurs époux. Auxquels a été fait lecture par moi, Désiré Hanard, officier public en la commune de Mortagne, des promesses de mariage d'entre François-Joseph Herman Vanderwallen et Félicité-Louise Fernig ainsi que du consentement donné par Louis Fernig, père de cette dernière, et par les plus proches parents du futur époux, et ont les dits François-Joseph Herman Vanderwallen et Félicité-Louise Fernig déclaré à haute voix, en présence des dits témoins, se prendre mutuellement en mariage. Moi, officier public susdit, j'ai prononcé au nom de la loi que lesdits François-Joseph Herman Vanderwallen et Félicité-Louise Fernig sont unis en mariage et lesdits mariés ont signé avec moi, ainsi que les témoins, les jour, mois et an que dessus, — et sa sœur Théophile Fernig, témoin additionnel.

« Théophile Fernig. Pierre Wuibaut.
« Félicité Fernig. F. Vanderwallen.
« M. Barbieux. Louis Spelle.
N. Dewez.

« D. Hanard,
« Officier public. »

Sur l'exemplaire aujourd'hui déposé au greffe du tribunal civil de Valenciennes et que nous copions, les signatures de Théophile et de Félicité sont d'une écriture grande, ferme et élégante avec un paraphe quadrillé qui témoigne d'une incontestable habileté calligraphique.

Mme Vanderwallen eut un fils qui, ayant opté avec ses parents après 1814 pour la nationalité française, devint conseiller à la cour de Douai.

Théophile obtint, le 2 messidor an VIII, par un ordre exprès de Fouché, l'autorisation de revenir à Mortagne, puis en un lieu quelconque de France. Elle vint ensuite habiter avec son père, chez sa sœur Aimée qui épousa le futur général *Guilleminot*, de Dunkerque. Elle ne voulut jamais se marier. Nous n'avons pas à rechercher les causes de sa décision qui causa beaucoup de peine à son cousin *Isidore Audeval*, officier au 18e de dragons. Dans une lettre qu'elle lui écrivit, le 3 août 1801, elle découvre une peine intime incurable.

« Je n'ai point un cœur de bronze, mon ami. Il fut sensible, mais stoïque dans sa fermeté; il fut victime de sa résolution. Je me suis tue. Une année de prières n'a rien obtenu de moi. J'avais fait le sacrifice de toutes mes affections à ma patrie, et telle était la rigidité de mon dévouement que je lui fis celui de mon amour. J'ai quitté la France avec mes sentiments; je les conservai tant que l'espoir de les légitimer ne me fut point ravi. Depuis cinq ans, ils sont brisés. Depuis cinq ans, j'ai juré de renoncer. Que dis-je? renoncer! j'ai juré de ne plus aimer. »

Théophile passa le reste de sa vie en se consacrant à la culture des belles-lettres et des arts. Elle mourut en 1818, deux ans après son père.

TABLE DES CHAPITRES

TABLE

Paris. — E. KAPP, imprimeur, 83, rue du Bac.

www.ingramcontent.com/pod-product-compliance
Ingram Content Group UK Ltd.
Pitfield, Milton Keynes, MK11 3LW, UK
UKHW012040240726
13965UKWH00003B/931